Sous Vide
Savršeno Kuhano Svaki Put

Marko Novakic

Sadržaj

Omlet od mljevene junetine 11
Lagana vegetarijanska fritaja 13
Sendvič s avokadom i jajima 15
Đavolska jaja 16
Tvrdo kuhana jaja 18
Ukiseljena jaja 19
Meko i čili jaja 20
Jaja Benedikt 21
Kajgana od jaja s koprom i kurkumom 22
Poširana jaja 23
Jaja u slanini 24
Cherry rajčica jaja 25
Pastrami Scramble 26
Rajčica Shakshuka 27
Omlet od špinata 28
Omlet od rikule i pršuta 29
Omlet od mladog luka od đumbira 30
Talijanski pileći prstići 31
Pileći zalogaji trešnje 33
Tost s kakijem i cimetom 35
Pileća krilca s đumbirom 36
Goveđe pljeskavice 38
Punjeno zelje 39
Herby talijanska kobasica Pannini 40

Artičoke od limuna i češnjaka 42

Panko kroketi od žumanjka 43

Humus od čilija 44

Bataki od senfa 45

Okruglice patlidžana s pistacijama 46

Umak od zelenog graška 47

Pomfrit 48

Pureća salata s krastavcima 49

Kuglice od đumbira 50

Kuglice od zalogaja bakalara 51

Glazirane mlade mrkve 53

Vruća pileća krilca 54

Muffini s lukom i slaninom 55

Dagnje od bijelog vina 57

Tamari kukuruz na klipu 58

Jakobove kapice sa slaninom 59

Predjelo od kozica 60

Namaz od pilećih jetrica 61

Povrće od tikve od đumbira 62

Repovi jastoga 63

Tofu za roštilj 64

Ukusan francuski tost 65

Slatka i ljuta patka 66

Sous Vide ukiseljena rabarbara 67

Ćufte od puretine 68

Slatki butovi sa sušenim rajčicama 69

Adobo piletina 70

"Eat-me" voćni chorizo 71
Piletina i gljive u marsala umaku 72
Marelice vanilije s viskijem 74
Lagani začinjeni humus 75
Batak od kafirske limete 77
Mliječni pire krumpir s ružmarinom 78
Slatki ćevapi od tofua s povrćem 79
Dijon pileći fileti 81
Paprike punjene mrkvom i orasima 82
Narančasta patka s paprikom i majčinom dušicom 84
Pureći but umotan u slaninu 85
Mješavina šparoga od estragona 86
Začinjeni odresci od cvjetače 88
Kajenske trakice krumpira s preljevom od majoa 89
Patka s maslacem i slatka 91
Jams s maslacem 92
Quiche od špinata i gljiva 93
Meksički kukuruz s maslacem 95
Sirne kruške s orasima 97
Kaša od brokule i plavog sira 98
Tikvice s karijem 99
Zapečeni slatki krumpir s orašastim plodovima 100
Začinjena ukiseljena repa 101
Začinjeni kukuruzni maslac 102
Krumpir s paprikom i ružmarinom 103
Kruh od bundeve u staklenkama 104
Jaja s porilukom i češnjakom 105

Kremasti umak od artičoke 106
Umak od sira od rotkvica 108
Celer Dip 109
Pikantni BBQ umak 110
Peri Peri umak 112
Sirup od đumbira 114
Lagano pirjajte brokulu 115
Gulaš od čili kupusa 116
Pilav od riže i poriluka s orasima 118
Plata od mandarina i zelenog graha s lješnjacima 120
Krema od slatkog graška s muškatnim oraščićem 121
Miso od tikvica sa sezamom 123
Mrkva od agave na bazi maslaca 125
Artičoke s maslacem s limunom i češnjakom 126
Tofu od rajčice i agave 128
Pečeni luk s pestom od suncokreta 129
Slatko jelo od crvene cikle 131
Provolone griz od sira 133
Ukiseljeni komorač s limunom bez napora 134
Jednostavna raba od brokule 135
Krumpir s tartufima od češnjaka 136
Domaća Giardiniera Picante 137
Ukusne začinjene rajčice 139
Jednostavan Alfredo preljev od povrća 140
Prekrasno varivo od graha i mrkve 142
Lagana salata od dva graha 144
Ukusno vegansko varivo s grahom Cannellini 146

Glazirana kisela mrkva 148

Prekrasan tofu sa Sriracha umakom 150

Salata od rikule i cikle bez sira 152

Umak od snježnog graha od češnjaka 153

Začinjeni crni grah 154

Začinske balzamične gljive s češnjakom 155

Hrskavi pire od krumpira s češnjakom 156

Mješavina korjenastog povrća 157

Tajlandsko jelo od bundeve 159

Ukiseljeni krastavci lonci 161

Kokosova kaša od krumpira 163

Primamljivi kupus s maslacem 164

Slatke Daikon rotkvice s ružmarinom 165

Kupus luk s grožđicama 166

Miješani grah u umaku od rajčice 167

Čili Garbanzo varivo od graha 168

Créme Brulée od svježeg voća 170

Puding od bobica vanilije 172

Mocha Mini Brownies u staklenci 174

Jednostavna krema od banane 176

Dulce de Leche kolač od sira 178

Med i citrusne marelice 180

Orange Pots du Créme s čokoladom 181

Limun-Kadulja Marelice 183

Puding od čokolade 184

Pita od jabuka 185

Čokoladni kolačići bez šećera 187

Sladoled od vanilije 188
Lagani puding za doručak od svježeg sira 189
Sous Vide čokoladni kolačići 191
Puding od riže s rumom i brusnicama 192
Puding od kruha 193
Lemon Curd 194
Crème Brulee 195
Mafini s limunom 196
Mousse od malina 197
Slatke jabuke punjene grožđicama 198
Jabučni postolar 199
Mini staklenke za kolač od sira od jagoda 200
Kruške poširane vinom i cimetom 201
Zobena kaša od kokosa i badema 202
Banana heljdina kaša 203
Osnovna zobena kaša od nule 204
Mini kolačići od sira 205
Kruh s maslacem od kave 206
Muffini od mrkve 207
Rum Trešnje 209
Jogurt od breskve i badema 210
Pita od nektarina od badema 211
Azijski puding od riže s bademima 212
Créme Brulée od maline i limuna 213
Bourbon od dunje s cimetom 215
Javor i cimet čelične zobi 216
Zobene pahuljice sa suhim šljivama i marelicama 217

Đumbirirane breskve s kardamomom 218

Omlet od mljevene junetine

Vrijeme pripreme + kuhanja: 35 minuta | Porcije: 3

Sastojci:

1 šalica nemasne mljevene govedine

¼ šalice sitno nasjeckanog luka

¼ žličice mljevenog osušenog timijana

½ žličice sušenog origana, mljevenog

Sol i crni papar po ukusu

1 žlica maslinovog ulja

Upute:

Zagrijte ulje u tavi na srednje jakoj vatri. Dodajte luk i miješajući pržite oko 3-4 minute, ili dok ne postane proziran. Dodajte mljevenu junetinu i kuhajte 5 minuta uz povremeno miješanje. Pospite malo soli, papra, majčine dušice i origana. Dobro promiješajte i kuhajte još minutu. Maknite s vatre i ostavite sa strane.

Pripremite vodenu kupelj i stavite Sous Vide u nju. Postavite na 170 F. Umutite jaja u srednjoj zdjeli i ulijte ih u vakuumsku vrećicu koja se može ponovno koristiti. Dodajte smjesu mljevene junetine. Ispustite zrak metodom istiskivanja vode i zatvorite vrećicu.

Uronite vrećicu u vodenu kupelj i postavite tajmer na 15 minuta. Pomoću rukavice masirajte vrećicu svakih 5 minuta kako biste osigurali ravnomjerno kuhanje. Nakon što se tajmer zaustavi, izvadite vrećicu iz vodene kupelji i prebacite omlet na tanjur za posluživanje.

Lagana vegetarijanska fritaja

Vrijeme pripreme + kuhanja: 1 sat 40 minuta | Porcije: 5

Sastojci

1 žlica maslinovog ulja

1 srednja glavica luka, nasjeckana

Posolite po ukusu

4 režnja mljevenog češnjaka

1 daikon, oguljen i narezan na kockice

2 mrkve oguljene i narezane na kockice

1 pastrnjak, oguljen i narezan na kockice

1 šalica butternut tikve, oguljene i narezane na kockice

6 oz gljiva bukovača, nasjeckanih

¼ šalice lišća peršina, svježe mljevenog

Prstohvat listića crvene paprike

5 velikih jaja

¼ šalice punomasnog mlijeka

Upute

Pripremite vodenu kupelj i stavite Sous Vide u nju. Postavite na 175 F. Namažite nekoliko staklenki uljem. Staviti na stranu.

Zagrijte tavu na jakoj vatri s uljem. Dodajte znoj luka 5 minuta. Dodajte češnjak i kuhajte 30 sekundi. Posolite. Pomiješajte mrkvu, daikon, bundevu i pastrnjak. Posolite i kuhajte još 10 minuta. Dodajte gljive i začinite paprom i peršinom. Kuhajte 5 minuta.

U zdjeli umutite jaja i mlijeko Posolite. Smjesu razdvojite u staklenke s povrćem. Zatvorite i potopite staklenke u vodenu kupelj. Kuhajte 60 minuta. Nakon što se tajmer zaustavi, izvadite staklenke. Pustite da se ohladi i poslužite.

Sendvič s avokadom i jajima

Vrijeme pripreme + kuhanja: 70 minuta | Porcije: 4

Sastojci:

8 kriški kruha

4 jaja

1 avokado

1 žličica paprike

4 žličice holandskog umaka

1 žlica nasjeckanog peršina

Sol i crni papar po ukusu

Upute:

Pripremite vodenu kupelj i stavite Sous Vide u nju. Postavite na 145 F. Izvadite meso avokada i zgnječite ga. Umiješajte umak i začine. Stavite jaja u vrećicu koja se može vakuumski zatvoriti. Ispustite zrak metodom istiskivanja vode, zatvorite i uronite vrećicu u vodenu kupelj. Postavite tajmer na 1 sat.

Kad je gotovo, odmah stavite u ledenu kupelj da se ohladi. Ogulite i narežite jaja. Polovicu ploški jaja namažite kašom od avokada i na vrh stavite ploške jaja. Na vrh stavite preostale kriške kruha.

Đavolska jaja

Vrijeme pripreme + kuhanja: 75 minuta | Porcije: 6

Sastojci:

6 jaja
Sok od 1 limuna
2 žlice nasjeckanog peršina
1 rajčica, mljevena
2 žlice mljevenih crnih maslina
1 žlica jogurta
1 žlica maslinovog ulja
1 žličica senfa
1 žličica čilija u prahu

Upute:

Pripremite vodenu kupelj i stavite Sous Vide u nju. Postavite na 170 F. Stavite jaja u vrećicu koja se može vakuumski zatvoriti. Ispustite zrak metodom istiskivanja vode, zatvorite i uronite vrećicu u vodenu kupelj. Postavite tajmer na 1 sat.

Kada budete spremni, izvadite vrećicu i stavite je u ledenu kupelj da se ohladi i oguli. Prepolovite i izdubite žumanjke. Preostale sastojke dodajte u žumanjke i promiješajte da se sjedine. Smjesom napunite jaja.

Tvrdo kuhana jaja

Vrijeme pripreme + kuhanja: 1 sat i 10 minuta | Porcije: 3

Sastojci:

3 velika jaja
Ledena kupka

Upute:

Napravite vodenu kupelj, stavite Sous Vide u nju i postavite na 165 F. Stavite jaja u vodenu kupelj i namjestite mjerač vremena na 1 sat.

Nakon što se tajmer zaustavi, prebacite jaja u ledenu kupku. Oguliti jaja. Poslužite kao međuobrok ili u salatama.

Ukiseljena jaja

Vrijeme pripreme + kuhanja: 2 sata 10 minuta | Porcije: 6

Sastojci:

6 jaja

1 žlica papra u zrnu

Sok iz konzerve cikle

1 šalica octa

½ žlice soli

2 češnja češnjaka

1 list lovora

¼ šalice šećera

Upute:

Pripremite vodenu kupelj i u nju stavite Sous Vide. Postavite na 170 F. Pažljivo spustite jaja u vodu i kuhajte 1 sat. Pomoću šupljikave žlice prebacite ih u veliku zdjelu s ledeno hladnom vodom i ostavite da se ohlade nekoliko minuta. Ogulite i stavite u staklenku od 1 litre s poklopcem na šarkama.

U maloj zdjeli pomiješajte preostale sastojke. Prelijte preko jaja, zatvorite i uronite u kupku. Kuhajte 1 sat. Izvadite staklenku iz vodene kupelji i ohladite na sobnu temperaturu.

Meko i čili jaja

Vrijeme pripreme + kuhanja: 60 minuta | Porcije: 5

Sastojci:

1 žlica čilija u prahu
5 jaja
Sol i crni papar po ukusu

Upute:

Pripremite vodenu kupelj i u nju stavite Sous Vide. Postavite na 147 F. Stavite jaja u vrećicu koja se može vakuumski zatvoriti. Ispustite zrak metodom istiskivanja vode, zatvorite i uronite u kadu. Kuhajte 50 minuta.

Nakon što se tajmer zaustavi, uklonite vrećicu i stavite ih u ledenu kupku da se ohlade i ogule. Jaja pospite začinima i poslužite.

Jaja Benedikt

Vrijeme pripreme + kuhanja: 70 minuta | Porcije: 4

Sastojci:

4 jaja
3 unce slanine, narezane na ploške
5 žlica holandskog umaka
4 muffina od biskvita
Sol i crni papar po ukusu

Upute:

Pripremite vodenu kupelj i stavite Sous Vide u nju. Postavite na 150 F. Stavite jaja u vrećicu koja se može vakuumski zatvoriti. Ispustite zrak metodom istiskivanja vode, zatvorite i uronite vrećicu u vodenu kupelj. Postavite tajmer na 1 sat.

Nakon što se tajmer zaustavi, izvadite vrećicu i odvojite je. Ogulite jaja i stavite na muffine. Prelijte umakom i pospite solju i paprom. Odozgo stavite slaninu.

Kajgana od jaja s koprom i kurkumom

Vrijeme pripreme + kuhanja: 35 minuta | Porcije: 8

Sastojci:

8 jaja
1 žlica kurkume u prahu
¼ šalice kopra
1 žličica soli
Prstohvat paprike

Upute:

Pripremite vodenu kupelj i stavite Sous Vide u nju. Postavite na 165 F. Istucite jaja u zdjeli zajedno s preostalim sastojcima. Prebacite u vrećicu koja se može vakumirati. Ispustite zrak metodom istiskivanja vode, zatvorite i uronite vrećicu u vodenu kupelj. Postavite tajmer na 15 minuta.

Nakon što se mjerač vremena zaustavio, uklonite vrećicu i pažljivo umasirajte kako biste sjedinili. Kuhajte još 15 minuta. Pažljivo izvadite vrećicu iz vode. Poslužite toplo.

Poširana jaja

Vrijeme pripreme + kuhanja: 65 minuta | Porcije: 4

Sastojci:

4 šalice vode

4 jaja paprika

1 žlica majoneze

Sol i crni papar po ukusu

Upute:

Pripremite vodenu kupelj i u nju stavite Sous Vide. Postavite na 145 F. Stavite jaja u vrećicu koja se može vakuumski zatvoriti. Ispustite zrak metodom istiskivanja vode, zatvorite i potopite kupku. Postavite tajmer na 55 minuta.

Nakon što se tajmer zaustavi, izvadite vrećicu i prebacite je u ledenu kupelj da se ohladi i oguli. Za to vrijeme u loncu zakuhajte vodu. Unutra zamotajte oguljena jaja i kuhajte minutu. Dok se jaja kuhaju pjenasto izmiješajte ostale sastojke. Prelijte preko jaja.

Jaja u slanini

Vrijeme pripreme + kuhanja: 7 sati 15 minuta | Porcije: 4

Sastojci:

4 kuhana jaja

1 žličica maslaca

7 unci slanine, narezane na ploške

1 žlica Dijon senfa

4 unce mozzarella sira, narezanog na kriške

Sol i crni papar po ukusu

Upute:

Pripremite vodenu kupelj i stavite Sous Vide u nju. Postavite na 140 F. Natrljajte slaninu maslacem i paprom. Na svako jaje stavite krišku sira mozzarelle i jaja zajedno sa sirom umotajte u slaninu.

Premažite senfom i stavite ih u vrećicu koja se može vakuumski zatvoriti. Ispustite zrak metodom istiskivanja vode, zatvorite i uronite vrećicu u vodenu kupelj. Postavite tajmer na 7 sati. Nakon što se tajmer zaustavi, izvadite vrećicu i prebacite je na tanjur. Poslužite toplo.

Cherry rajčica jaja

Vrijeme pripreme + kuhanja: 40 minuta | Porcije: 6

Sastojci:

10 jaja
1 šalica cherry rajčica, prepolovljenih
2 žlice kiselog vrhnja
1 žlica vlasca
½ šalice mlijeka
½ žličice muškatnog oraščića
1 žličica maslaca
1 žličica soli

Upute:

Pripremite vodenu kupelj i stavite Sous Vide u nju. Postavite na 170 F.

Stavite cherry rajčice u veliku vrećicu koja se može vakuumski zatvoriti. Umutiti jaja s preostalim sastojcima i preliti preko rajčice. Ispustite zrak metodom istiskivanja vode, zatvorite i uronite vrećicu u vodenu kupelj. Postavite tajmer na 30 minuta. Kad je gotovo, izvadite vrećicu i prebacite na tanjur.

Pastrami Scramble

Vrijeme pripreme + kuhanja: 25 minuta | Porcije: 3

Sastojci:

6 jaja
½ šalice pastrame
2 žlice gustog vrhnja
Sol i crni papar po ukusu
2 žlice maslaca, otopljenog
3 kriške tosta

Upute:

Pripremite vodenu kupelj i stavite Sous Vide u nju. Postavite na 167 F. Pjenasto izmiješajte maslac, jaja, vrhnje i začine u vrećici koja se može vakuumski zatvoriti. Ispustite zrak metodom istiskivanja vode, zatvorite i uronite vrećicu u vodenu kupelj. Postavite tajmer na 15 minuta. Nakon što se tajmer zaustavi, uklonite vrećicu i prebacite jaja na tanjur. Poslužite na vrh tosta.

Rajčica Shakshuka

Vrijeme pripreme + kuhanja: 2 sata 10 minuta | Porcije: 3

Sastojci:

28 unci konzerviranih zdrobljenih rajčica

6 jaja

1 žlica paprike

2 režnja češnjaka, mljevena

Sol i crni papar po ukusu

2 žličice kumina

¼ šalice mljevenog cilantra

Upute:

Pripremite vodenu kupelj i stavite Sous Vide u nju. Postavite na 148 F. Stavite jaja u vrećicu koja se može vakuumski zatvoriti. Ispustite zrak metodom istiskivanja vode, zatvorite i uronite vrećicu u vodenu kupelj. Pomiješajte preostale sastojke u drugoj vrećici koja se može vakuumski zatvoriti. Postavite tajmer na 2 sata.

Podijelite umak od rajčice u tri zdjelice. Nakon što se tajmer zaustavi, uklonite vrećicu. Ogulite jaja i stavite po 2 u svaku posudu.

Omlet od špinata

Vrijeme pripreme + kuhanja: 20 minuta | Porcije: 2

Sastojci:

4 velika jaja, istučena

¼ šalice grčkog jogurta

¾ šalice svježeg špinata, sitno nasjeckanog

1 žlica maslaca

¼ šalice sira cheddar, naribanog

¼ žličice soli

Upute:

Pripremite vodenu kupelj, stavite Sous Vide u nju i postavite na 165 F. Istucite jaja u srednjoj zdjeli. Umiješajte jogurt, sol i sir. Stavite smjesu u vakuumsku vrećicu koja se može zatvoriti i zatvorite. Uronite vrećicu u vodenu kupelj. Kuhajte 10 minuta.

Otopite maslac u tavi na srednje jakoj vatri. Dodajte špinat i kuhajte 5 minuta. Staviti na stranu. Nakon što se tajmer zaustavi, izvadite vrećicu, prebacite jaja na tanjur za posluživanje. Nadjenite špinat i preklopite omlet.

Omlet od rikule i pršuta

Vrijeme pripreme + kuhanja: 25 minuta | Porcije: 2

Sastojci:

4 tanke šnite pršuta

5 velikih jaja

¼ šalice svježe rikule, sitno nasjeckane

¼ šalice narezanog avokada

Sol i crni papar po ukusu

Upute:

Pripremite vodenu kupelj, stavite Sous Vide u nju i namjestite na 167 F. Umutite jaja s rikulom, soli i paprom. Prebacite u vrećicu koja se može vakumirati. Pritisnite da biste uklonili zrak, a zatim zatvorite poklopac. Kuhajte 15 minuta. Nakon što se mjerač vremena zaustavio, izvadite vrećicu, otvorite i prebacite omlet na tanjur za posluživanje te na vrh stavite kriške avokada i pršut.

Omlet od mladog luka od đumbira

Vrijeme pripreme + kuhanja: 20 minuta | Porcije: 2

Sastojci:

8 tučenih jaja slobodnog uzgoja

½ šalice mladog luka

1 žličica đumbira, svježe naribanog

1 žlica ekstra djevičanskog maslinovog ulja

Sol i crni papar po ukusu

Upute:

Pripremite vodenu kupelj, stavite Sous Vide u nju i postavite na 165 F.

U srednjoj zdjeli umutite jaja, đumbir, sol i papar. Prebacite smjesu u vakuumsku vrećicu koja se može zatvoriti i zatvorite. Uronite vrećicu u vodenu kupelj. Kuhajte 10 minuta.

Zagrijte ulje u loncu na srednje jakoj vatri. Kuhajte mladi luk 2 minute. Nakon što se tajmer zaustavi, izvadite vrećicu, otvorite i izvadite omlet na tanjur za posluživanje. Narežite na tanke ploške, pospite lukom i savijte omlet za posluživanje.

Talijanski pileći prstići

Vrijeme pripreme + kuhanja: 2 sata i 20 minuta | Porcije: 3

Sastojci:

1 funta pilećih prsa, bez kostiju i kože
1 šalica bademovog brašna
1 žličica mljevenog češnjaka
1 žličica soli
½ žličice kajenskog papra
2 žličice miješanog talijanskog bilja
¼ žličice crnog papra
2 jaja, istučena
¼ šalice maslinovog ulja

Upute:

Meso isperite pod mlazom hladne vode i osušite kuhinjskim papirom. Začinite miješanim talijanskim biljem i stavite u veliku posudu koja se može vakuumirati. Zatvorite vrećicu i kuhajte u sous videu 2 sata na 167 F. Izvadite iz vodene kupelji i ostavite sa strane.

Sada pomiješajte brašno, sol, kajensku papriku, talijansko bilje i papar u zdjeli i ostavite sa strane. U posebnoj zdjeli umutite jaja i ostavite sa strane.

Zagrijte maslinovo ulje u velikoj tavi, na srednjoj vatri. Piletinu umočiti u razmućeno jaje i premazati smjesom od brašna. Pržite 5 minuta sa svake strane, ili dok ne porumene.

Pileći zalogaji trešnje

Vrijeme pripreme + kuhanja: 1 sat i 40 minuta | Porcije: 3

Sastojci:

1 funta pilećih prsa, bez kostiju i kože, narezana na komade veličine zalogaja
1 šalica crvene paprike, nasjeckane na kockice
1 šalica zelene paprike, nasjeckane na komadiće
1 šalica cherry rajčica, cijelih
1 šalica maslinovog ulja
1 žličica talijanske mješavine začina
1 žličica kajenskog papra
½ žličice sušenog origana
Sol i crni papar po ukusu

Upute:

Meso isperite pod mlazom hladne vode i osušite kuhinjskim papirom. Narežite na komade veličine zalogaja i ostavite sa strane. Paprike operite i narežite na kockice. Operite cherry rajčice i uklonite zelene peteljke. Staviti na stranu.

U zdjeli pomiješajte maslinovo ulje s talijanskim začinima, kajenskom paprikom, soli i paprom.

Miješajte dok se dobro ne sjedini. Dodati meso i dobro premazati marinadom. Ostavite sa strane 30 minuta da se okusi stope i prodru u meso.

Stavite meso zajedno s povrćem u veliku vrećicu koja se može vakuumirati. Dodajte tri žlice marinade i zatvorite vrećicu. Kuhajte u sous videu 1 sat na 149 F.

Tost s kakijem i cimetom

Vrijeme pripreme + kuhanja: 4 sata 10 minuta | Porcije: 6

Sastojci:

4 kriške kruha, tostirane

4 hurmašice nasjeckane

3 žlice šećera

½ žličice cimeta

2 žlice soka od naranče

½ žličice ekstrakta vanilije

Upute:

Pripremite vodenu kupelj i stavite Sous Vide u nju. Postavite na 155 F.

Stavite hurmašice u vrećicu koja se može vakuumirati. Dodajte sok od naranče, ekstrakt vanilije, šećer i cimet. Zatvorite vrećicu i dobro protresite da se obliže komadići kakija. Ispustite zrak metodom istiskivanja vode, zatvorite i uronite vrećicu u vodenu kupelj. Postavite mjerač vremena na 4 sata.

Nakon što se mjerač vremena zaustavio, izvadite vrećicu i prebacite kaki u multipraktik. Miješajte dok ne postane glatko. Smjesu hurmašica premažite preko prepečenog kruha.

Pileća krilca s đumbirom

Vrijeme pripreme + kuhanja: 2 sata 25 minuta | Porcije: 4

Sastojci:

2 kilograma pilećih krilaca

¼ šalice ekstra djevičanskog maslinovog ulja

4 češnja češnjaka

1 žlica listića ružmarina, sitno nasjeckanog

1 žličica bijelog papra

1 žličica kajenskog papra

1 žlica svježeg timijana, sitno nasjeckanog

1 žlica svježeg đumbira, naribanog

¼ šalice soka od limete

½ šalice jabučnog octa

Upute:

Isperite pileća krilca pod hladnom tekućom vodom i ocijedite ih u velikom cjedilu.

U velikoj zdjeli pomiješajte maslinovo ulje s češnjakom, ružmarinom, bijelim paprom, kajenskim paprom, majčinom dušicom, đumbirom, sokom limete i jabučnim octom. U tu smjesu potopiti krilca i poklopiti. Hladiti jedan sat.

Prebacite krilca zajedno s marinadom u veliku vrećicu koja se može vakuumirati. Zatvorite vrećicu i kuhajte u sous videu 1 sat i 15 minuta na 149 F. Izvadite iz vrećice koja se može zatvoriti vakuumom i zapržite prije posluživanja. Poslužite i uživajte!

Goveđe pljeskavice

Vrijeme pripreme + kuhanja: 1 sat 55 minuta | Porcije: 4

Sastojci:

1 funta nemasne mljevene govedine

1 jaje

2 žlice badema, sitno nasjeckanih

2 žlice bademovog brašna

1 šalica luka, sitno nasjeckanog

2 zgnječena češnja češnjaka

¼ šalice maslinovog ulja

Sol i crni papar po ukusu

¼ šalice lišća peršina, sitno nasjeckanog

Upute:

U zdjeli pomiješajte mljevenu junetinu sa sitno nasjeckanim lukom, češnjakom, uljem, soli, paprom, peršinom i bademima. Dobro izmiješajte vilicom i postupno dodajte malo bademovog brašna.

Umutiti jedno jaje i staviti u hladnjak na 40 minuta. Izvadite meso iz hladnjaka i nježno oblikujte pljeskavice debljine jednog inča, promjera oko 4 inča. Stavite u dvije odvojene vrećice koje se mogu vakuumski zatvoriti i kuhajte u sous videu jedan sat na 129 F.

Punjeno zelje

Vrijeme pripreme + kuhanja: 65 minuta | Porcije: 3

Sastojci:

1 funta zelenog povrća, kuhanog na pari
1 funta nemasne mljevene govedine
1 manja glavica luka sitno nasjeckana
1 žlica maslinovog ulja
Sol i crni papar po ukusu
1 žličica svježe metvice, sitno nasjeckane

Upute:

Zakuhajte veliki lonac vode i dodajte zelje. Kratko kuhajte, 2-3 minute. Ocijedite i nježno ocijedite zelje i ostavite sa strane.

U velikoj zdjeli pomiješajte mljevenu junetinu, luk, ulje, sol, papar i metvicu. Dobro promiješajte dok se ne sjedini. Stavite listove na radnu površinu, žilama prema gore. Uzmite jednu žlicu mesne smjese i stavite je na donju sredinu svakog lista. Stranice preklopite i čvrsto zarolajte. Ugurajte sa strane i nježno prebacite u veliku vrećicu koja se može vakuumski zatvoriti. Zatvorite vrećicu i kuhajte u sous videu 45 minuta na 167 F.

Herby talijanska kobasica Pannini

Vrijeme pripreme + kuhanja: 3 sata 15 minuta | Porcije: 4

Sastojci

1 funta talijanske kobasice

1 crvena paprika, narezana na ploške

1 žuta paprika, narezana na ploške

1 luk, narezan na ploške

1 češanj češnjaka, samljeven

1 šalica soka od rajčice

1 žličica sušenog origana

1 žličica sušenog bosiljka

1 žličica maslinovog ulja

Sol i crni papar po ukusu

4 kriške kruha

Upute

Pripremite vodenu kupelj i stavite Sous Vide u nju. Postavite na 138 F.

Stavite kobasice u vrećicu koja se može vakuumski zatvoriti. U svaku vrećicu dodajte češnjak, bosiljak, luk, papar, sok od rajčice i origano. Ispustite zrak metodom istiskivanja vode, zatvorite i uronite vrećice u vodenu kupelj. Kuhajte 3 sata.

Nakon što se tajmer zaustavi, izvadite kobasice i prebacite ih u vruću tavu. Pržite ih 1 minutu sa svake strane. Staviti na stranu. Dodajte preostale sastojke u tavu, začinite solju i paprom. Kuhajte dok voda ne ispari. Poslužite kobasice i preostale sastojke između kruha.

Artičoke od limuna i češnjaka

Vrijeme pripreme + kuhanja: 2 sata i 15 minuta | Porcije: 5

Sastojci:

3 artičoke

Sok od 3 limuna

1 žlica senfa

5 češnjaka, mljevenog

1 žlica mljevenog zelenog luka

4 žlice maslinovog ulja

Upute:

Pripremite vodenu kupelj i stavite Sous Vide u nju. Postavite na 195 F. Operite i odvojite artičoke. Stavite u plastičnu posudu. Dodajte preostale sastojke i protresite da se dobro prekriju. Svu smjesu stavite u plastičnu vrećicu. Zatvorite i uronite vrećicu u vodenu kupelj. Postavite tajmer na 2 sata.

Nakon što se tajmer zaustavi, uklonite vrećicu i pecite na roštilju minutu po strani.

Panko kroketi od žumanjka

Vrijeme pripreme + kuhanja: 60 minuta | Porcije: 5

Sastojci:

2 jaja plus 5 žumanjaka

1 šalica panko krušnih mrvica

3 žlice maslinovog ulja

5 žlica brašna

¼ žličice talijanskog začina

½ žličice soli

¼ žličice paprike

Upute:

Pripremite vodenu kupelj i stavite Sous Vide u nju. Postavite na 150 F. Stavite žumanjak u vodu (bez vrećice ili čaše) i kuhajte 45 minuta, okrećući na pola. Neka se malo ohladi. Umutiti jaja s ostalim sastojcima, osim ulja. Umočite žumanjke u smjesu jaja i panko.

Zagrijte ulje u tavi. Pržite žumanjke nekoliko minuta sa svake strane, dok ne porumene.

Humus od čilija

Vrijeme pripreme + kuhanja: 4 sata i 15 minuta | Porcije: 9)

Sastojci:

16 unci slanutka, namočenog preko noći i ocijeđenog
2 režnja češnjaka, mljevena
1 žličica sriracha
¼ žličice čilija u prahu
½ žličice čili pahuljica
½ šalice maslinovog ulja
1 žlica soli
6 šalica vode

Upute:

Pripremite vodenu kupelj i stavite Sous Vide u nju. Postavite na 195 F. Stavite slanutak i vodu u plastičnu vrećicu. Ispustite zrak metodom istiskivanja vode, zatvorite i uronite vrećicu u vodenu kupelj. Postavite mjerač vremena na 4 sata.

Nakon što se tajmer zaustavio, izvadite vrećicu, ocijedite vodu i prebacite slanutak u multipraktik. Dodajte preostale sastojke. Miješajte dok ne postane glatko.

Bataki od senfa

Vrijeme pripreme + kuhanja: 1 sat | Porcije: 5

Sastojci:

2 kilograma pilećih bataka
¼ šalice Dijon senfa
2 zgnječena češnja češnjaka
2 žlice kokosovih aminokiselina
1 žličica ružičaste himalajske soli
½ žličice crnog papra

Upute:

Isperite batake pod hladnom tekućom vodom. Ocijedite u velikom cjedilu i ostavite sa strane.

U maloj zdjeli pomiješajte Dijon sa protisnutim češnjakom, kokosovim aminokiselinama, soli i paprom. Smjesu kuhinjskom četkom rasporedite po mesu i stavite u veliku vrećicu koja se može vakuumirati. Zatvorite vrećicu i kuhajte u sous videu 45 minuta na 167 F.

Okruglice patlidžana s pistacijama

Vrijeme pripreme + kuhanja: 8 sati 10 minuta | Porcije: 8

Sastojci:

3 patlidžana, narezana na ploške

¼ šalice mljevenih pistacija

1 žlica misa

1 žlica mirina

2 žličice maslinovog ulja

1 žličica vlasca

Sol i crni papar po ukusu

Upute:

Pripremite vodenu kupelj i stavite Sous Vide u nju. Postavite na 185 F.

Pomiješajte ulje, mirin, vlasac, miso i papar. Tom smjesom premažite ploške patlidžana. Stavite u jednoslojnu vrećicu koja se može zatvoriti vakuumom i pospite pistaćima. Ponavljajte postupak dok ne potrošite sve sastojke. Ispustite zrak metodom istiskivanja vode, zatvorite i uronite vrećicu u vodenu kupelj. Postavite tajmer na 8 sati. Nakon što se tajmer zaustavi, uklonite vrećicu i tanjur.

Umak od zelenog graška

Vrijeme pripreme + kuhanja: 45 minuta | Porcije: 8

Sastojci:

2 šalice zelenog graška

3 žlice gustog vrhnja

1 žlica estragona

1 češanj češnjaka

1 žličica maslinovog ulja

Sol i crni papar po ukusu

¼ šalice jabuke narezane na kockice

Upute:

Pripremite vodenu kupelj i stavite Sous Vide u nju. Postavite na 185 F. Stavite sve sastojke u vrećicu koja se može vakuumski zatvoriti. Ispustite zrak metodom istiskivanja vode, zatvorite i uronite vrećicu u vodenu kupelj. Postavite tajmer na 32 minute. Nakon što se tajmer zaustavi, izvadite vrećicu i izmiksajte štapnom miješalicom dok smjesa ne postane glatka.

Pomfrit

Vrijeme pripreme + kuhanja: 45 | Porcije: 6

Sastojci:

3 funte krumpira, narezanog na ploške
5 šalica vode
Sol i crni papar po ukusu
¼ žličice sode bikarbone

Upute:

Pripremite vodenu kupelj i stavite Sous Vide u nju. Postavite na 195 F.

Stavite kriške krumpira, vodu, sol i sodu bikarbonu u vrećicu koja se može zatvoriti vakuumom. Ispustite zrak metodom istiskivanja vode, zatvorite i uronite vrećicu u vodenu kupelj. Postavite tajmer na 25 minuta.

U međuvremenu zagrijte ulje u loncu na srednje jakoj vatri. Nakon što se tajmer zaustavi, izvadite kriške krumpira iz salamure i osušite ih tapkanjem. Pecite u ulju nekoliko minuta, dok ne porumene.

Pureća salata s krastavcima

Vrijeme pripreme + kuhanja: 2 sata i 20 minuta | Porcije: 3

Sastojci:

1 funta purećih prsa, narezanih
½ šalice pileće juhe
2 režnja češnjaka, mljevena
2 žlice maslinovog ulja
1 žličica soli
¼ žličice kajenskog papra
2 lista lovora
1 rajčica srednje veličine, nasjeckana
1 veća crvena paprika, nasjeckana
1 krastavac srednje veličine
½ žličice talijanskog začina

Upute:

Puretinu začinite solju i kajenskim paprom. Stavite u posudu koja se može vakuumirati zajedno s pilećom juhom, češnjakom i lovorom. Zatvorite vrećicu i kuhajte u Sous Videu 2 sata na 167 F. Izvadite i ostavite sa strane. Stavite povrće u veliku zdjelu i dodajte puretinu. Pomiješajte s talijanskim začinima i maslinovim uljem. Dobro promiješajte da se sjedini i odmah poslužite.

Kuglice od đumbira

Vrijeme pripreme + kuhanja: 1 sat i 30 minuta | Porcije: 3

Sastojci:

1 funta mljevene govedine

1 šalica luka, sitno nasjeckanog

3 žlice maslinovog ulja

¼ šalice svježeg cilantra, sitno nasjeckanog

¼ šalice svježe metvice, sitno nasjeckane

2 žličice paste od đumbira

1 žličica kajenskog papra

2 žličice soli

Upute:

U velikoj zdjeli pomiješajte mljevenu govedinu, luk, maslinovo ulje, cilantro, mentu, cilantro, pastu od đumbira, kajenski papar i sol. Oblikujte pljeskavice i ostavite u hladnjaku 15 minuta. Izvadite iz hladnjaka i prebacite u zasebne vrećice koje se mogu vakumirati. Kuhajte u Sous Videu 1 sat na 154 F.

Kuglice od zalogaja bakalara

Vrijeme pripreme + kuhanja: 105 minuta | Porcije: 5

Sastojci:

12 unci mljevenog bakalara

2 unce kruha

1 žlica maslaca

¼ šalice brašna

1 žlica griza

2 žlice vode

1 žlica mljevenog češnjaka

Sol i crni papar po ukusu

¼ žličice paprike

Upute:

Pripremite vodenu kupelj i stavite Sous Vide u nju. Postavite na 125 F.

Pomiješajte kruh i vodu i izgnječite smjesu. Dodajte preostale sastojke i dobro promiješajte da se sjedini. Od smjese praviti kuglice.

Pošpricajte tavu sprejom za kuhanje i pecite okruglice na srednjoj vatri oko 15 sekundi po strani, dok se lagano ne ispeku. Stavite zalogaje bakalara u vrećicu koja se može vakuumski zatvoriti. Ispustite zrak metodom istiskivanja vode, zatvorite i uronite vrećicu u vodenu kupelj. Postavite tajmer na 1 sat i 30 minuta. Nakon što se mjerač vremena zaustavi, uklonite vrećicu i na tanjur stavite zalogaje bakalara. Poslužiti.

Glazirane mlade mrkve

Vrijeme pripreme + kuhanja: 3 sata 10 minuta | Porcije: 4

Sastojci:

1 šalica mlade mrkve

4 žlice smeđeg šećera

1 šalica nasjeckane ljutike

1 žlica maslaca

Sol i crni papar po ukusu

1 žlica kopra

Upute:

Pripremite vodenu kupelj i u nju stavite Sous Vide. Postavite na 165 F. Stavite sve sastojke u vrećicu koja se može vakuumski zatvoriti. Protresite za premazivanje. Ispustite zrak metodom istiskivanja vode, zatvorite i potopite u vodenu kupelj. Postavite mjerač vremena na 3 sata. Nakon što se tajmer zaustavi, uklonite vrećicu. Poslužite toplo.

Vruća pileća krilca

Vrijeme pripreme + kuhanja: 4 sata i 15 minuta | Porcije: 4

Sastojci:

2 kilograma pilećih krilaca
½ štapića maslaca, otopljenog
¼ šalice ljutog crvenog umaka
½ žličice soli

Upute:

Pripremite vodenu kupelj i u nju stavite Sous Vide. Postavite na 170 F. Piletinu posolite i stavite u 2 vrećice koje se mogu vakuumski zatvoriti. Ispustite zrak metodom istiskivanja vode, zatvorite i uronite u kadu. Kuhajte 4 sata. Kada završite, uklonite vrećice. Umak i maslac pjenasto izmiješajte. Smjesom prelijte krilca.

Muffini s lukom i slaninom

Vrijeme pripreme + kuhanja: 3 sata 45 minuta | Porcije: 5

Sastojci:

1 glavica luka nasjeckana

6 unci slanine, nasjeckane

1 šalica brašna

4 žlice maslaca, otopljenog

1 jaje

1 žličica sode bikarbone

1 žlica octa

¼ žličice soli

Upute:

Pripremite vodenu kupelj i stavite Sous Vide u nju. Postavite na 196 F.

Za to vrijeme u tavi na srednje jakoj vatri ispecite slaninu dok ne postane hrskava. Prebacite u zdjelu i dodajte luk na slaninu i kuhajte nekoliko minuta dok ne omekša.

Prebacite u zdjelu i umiješajte preostale sastojke. Podijelite tijesto za muffine u 5 malih staklenki. Pazite da ne napunite više od pola. Staklenke stavite u vodenu kupelj i postavite tajmer na 3 sata i 30 minuta. Nakon što se tajmer zaustavi, izvadite staklenke i poslužite.

Dagnje od bijelog vina

Vrijeme pripreme + kuhanja: 1 sat 20 minuta | Porcije: 3

Sastojci:

1 funta svježih dagnji
3 žlice ekstra djevičanskog maslinovog ulja
1 šalica luka, sitno nasjeckanog
¼ šalice svježeg peršina, sitno nasjeckanog
3 žlice svježeg timijana, nasjeckanog
1 žlica limunove korice
1 šalica suhog bijelog vina

Upute:

U tavi srednje veličine zagrijte ulje. Dodati luk i miješajući pržiti dok ne postane proziran. Dodajte koricu limuna, peršin i timijan. Dobro promiješajte i prebacite u vrećicu koja se može vakuumski zatvoriti. Dodajte dagnje i jednu šalicu suhog bijelog vina. Zatvorite vrećicu i kuhajte u Sous Videu 40 minuta na 104 F.

Tamari kukuruz na klipu

Vrijeme pripreme + kuhanja: 3 sata 15 minuta | Porcije: 8

Sastojci:

1 funta klipa kukuruza

1 žlica maslaca

¼ šalice tamari umaka

2 žlice miso paste

1 žličica soli

Upute:

Pripremite vodenu kupelj i stavite Sous Vide u nju. Postavite na 185 F.

Umutite tamari, maslac, miso i sol. Stavite kukuruz u plastičnu vrećicu i prelijte smjesu. Protresite za premazivanje. Ispustite zrak metodom istiskivanja vode, zatvorite i uronite vrećicu u vodenu kupelj. Postavite mjerač vremena na 3 sata. Nakon što se tajmer zaustavi, uklonite vrećicu. Poslužite toplo.

Jakobove kapice sa slaninom

Vrijeme pripreme + kuhanja: 50 minuta | Porcije: 6

Sastojci:

10 unci jakobovih kapica

3 unce slanine, narezane na ploške

½ luka, naribanog

½ žličice bijelog papra

1 žlica maslinovog ulja

Upute:

Pripremite vodenu kupelj i stavite Sous Vide u nju. Postavite na 140 F.

Jakobove kapice pospite naribanim lukom i omotajte ploškama slanine. Pospite bijelim paprom i pokapajte uljem. Stavite u plastičnu vrećicu. Ispustite zrak metodom istiskivanja vode, zatvorite i uronite vrećicu u vodenu kupelj. Postavite mjerač vremena na 35 minuta. Nakon što se tajmer zaustavi, uklonite vrećicu. Poslužiti.

Predjelo od kozica

Vrijeme pripreme + kuhanja: 75 minuta | Porcije: 8

Sastojci:

1 funta kozica
3 žlice sezamovog ulja
3 žlice soka od limuna
½ šalice peršina
Sol i bijeli papar po ukusu

Upute:

Pripremite vodenu kupelj i stavite Sous Vide u nju. Postavite na 140 F.

Stavite sve sastojke u vrećicu koja se može vakuumski zatvoriti. Protresite da se škampi dobro oblože. Ispustite zrak metodom istiskivanja vode, zatvorite i uronite vrećicu u vodenu kupelj. Postavite mjerač vremena na 1 sat. Nakon što se tajmer zaustavi, uklonite vrećicu. Poslužite toplo.

Namaz od pilećih jetrica

Vrijeme pripreme + kuhanja: 5 sati 15 minuta | Porcije: 8

Sastojci:

1 funta pileće jetre

6 jaja

8 unci slanine, mljevene

2 žlice soja umaka

3 unce ljutike, nasjeckane

3 žlice octa

Sol i crni papar po ukusu

4 žlice maslaca

½ žličice paprike

Upute:

Pripremite vodenu kupelj i stavite Sous Vide u nju. Postavite na 156 F.

U tavi na srednjoj vatri skuhajte slaninu, dodajte ljutiku i kuhajte 3 minute. Umiješajte soja umak i ocat. Prebacite u blender zajedno s preostalim sastojcima. Miješajte dok ne postane glatko. Sve sastojke stavite u staklenku i zatvorite. Kuhajte 5 sati. Nakon što se tajmer zaustavi, izvadite staklenku i poslužite.

Povrće od tikve od đumbira

Vrijeme pripreme + kuhanja: 70 minuta | Porcije: 8

Sastojci:

14 unci butternut tikve

1 žlica naribanog đumbira

1 žličica maslaca, otopljenog

1 žličica soka od limuna

Sol i crni papar po ukusu

¼ žličice kurkume

Upute:

Pripremite vodenu kupelj i stavite Sous Vide u nju. Postavite na 185 F.

Tikvu ogulite i narežite na kolutove. Stavite sve sastojke u vrećicu koja se može vakuumski zatvoriti. Protresite da se dobro prekrije. Ispustite zrak metodom istiskivanja vode, zatvorite i uronite vrećicu u vodenu kupelj. Postavite tajmer na 55 minuta. Nakon što se tajmer zaustavi, uklonite vrećicu. Poslužite toplo.

Repovi jastoga

Vrijeme pripreme + kuhanja: 50 minuta | Porcije: 6

Sastojci:

1 funta repova jastoga, oljuštenih
½ limuna
½ žličice češnjaka u prahu
¼ žličice luka u prahu
1 žlica ružmarina
1 žličica maslinovog ulja

Upute:

Pripremite vodenu kupelj i stavite Sous Vide u nju. Postavite na 140 F.

Začinite jastoga češnjakom i lukom u prahu. Stavite u vrećicu koja se može vakuumski zatvoriti. Dodajte ostale sastojke i protresite da se prekriju. Ispustite zrak metodom istiskivanja vode, zatvorite i uronite vrećicu u vodenu kupelj. Postavite mjerač vremena na 40 minuta. Nakon što se tajmer zaustavi, uklonite vrećicu. Poslužite toplo.

Tofu za roštilj

Vrijeme pripreme + kuhanja: 2 sata i 15 minuta | Porcije: 8

Sastojci:

15 unci tofua
3 žlice umaka za roštilj
2 žlice tamari umaka
1 žličica luka u prahu
1 žličica soli

Upute:

Pripremite vodenu kupelj i stavite Sous Vide u nju. Postavite na 180 F.

Tofu narežite na kockice. Stavite ga u plastičnu vrećicu. Ispustite zrak metodom istiskivanja vode, zatvorite i uronite vrećicu u vodenu kupelj. Postavite mjerač vremena na 2 sata.

Nakon što se tajmer zaustavi, izvadite vrećicu i prebacite je u zdjelu. Dodajte preostale sastojke i promiješajte da se sjedine.

Ukusan francuski tost

Vrijeme pripreme + kuhanja: 100 minuta | Porcije: 2

Sastojci:

2 jaja

4 kriške kruha

½ šalice mlijeka

½ žličice cimeta

1 žlica maslaca, otopljenog

Upute:

Pripremite vodenu kupelj i stavite Sous Vide u nju. Postavite na 150 F.

Pjenasto izmiješajte jaja, mlijeko, maslac i cimet. Kriške kruha stavite u vrećicu koja se može vakuumirati i prelijte smjesom od jaja. Protresite da se dobro prekrije. Ispustite zrak metodom istiskivanja vode, zatvorite i uronite vrećicu u vodenu kupelj. Postavite mjerač vremena na 1 sat i 25 minuta. Nakon što se tajmer zaustavi, uklonite vrećicu. Poslužite toplo.

Slatka i ljuta patka

Vrijeme pripreme + kuhanja: 70 minuta | Porcije: 4

Sastojci:

1 funta pačjih prsa
1 žličica majčine dušice
1 žličica origana
2 žlice meda
½ žličice čilija u prahu
½ žličice paprike
1 žličica soli češnjaka
1 žlica sezamovog ulja

Upute:

Pripremite vodenu kupelj i stavite Sous Vide u nju. Postavite na 158 F.

Pjenasto izmiješajte med, ulje, začine i bilje. Premažite patku smjesom i stavite u vrećicu koja se može vakuumirati. Ispustite zrak metodom istiskivanja vode, zatvorite i uronite vrećicu u vodenu kupelj. Postavite mjerač vremena na 60 minuta.

Nakon što se tajmer zaustavi, uklonite vrećicu i narežite pačja prsa. Poslužite toplo.

Sous Vide ukiseljena rabarbara

Vrijeme pripreme + kuhanja: 40 minuta | Porcije: 8

Sastojci:

2 funte rabarbare, narezane na ploške

7 žlica jabučnog octa

1 žlica smeđeg šećera

¼ stabljike celera, mljevene

¼ žličice soli

Upute:

Pripremite vodenu kupelj i stavite Sous Vide u nju. Postavite na 180 F. Stavite sve sastojke u vrećicu koja se može vakuumski zatvoriti. Protresite da se dobro prekrije. Ispustite zrak metodom istiskivanja vode, zatvorite i uronite vrećicu u vodenu kupelj. Kuhajte 25 minuta. Nakon što se tajmer zaustavi, uklonite vrećicu. Poslužite toplo.

Ćufte od puretine

Vrijeme pripreme + kuhanja: 2 sata 10 minuta | Porcije: 4

Sastojci:

12 unci mljevene puretine

2 žličice umaka od rajčice

1 jaje

1 žličica cilantra

1 žlica maslaca

Sol i crni papar po ukusu

1 žlica krušnih mrvica

½ žličice timijana

Upute:

Pripremite vodenu kupelj i stavite Sous Vide u nju. Postavite na 142 F.

Pomiješajte sve sastojke u posudi. Od smjese oblikujte polpete. Stavite u vrećicu koja se može vakuumski zatvoriti. Ispustite zrak metodom istiskivanja vode, zatvorite i uronite vrećicu u vodenu kupelj. Postavite mjerač vremena na 2 sata. Nakon što se tajmer zaustavi, uklonite vrećicu. Poslužite toplo.

Slatki butovi sa sušenim rajčicama

Vrijeme pripreme + kuhanja: 75 minuta | Porcije: 7)

Sastojci:

2 kilograma pilećih bataka

3 unce sušene rajčice, nasjeckane

1 glavica žutog luka nasjeckana

1 žličica ružmarina

1 žlica šećera

2 žlice maslinovog ulja

1 jaje, tučeno

Upute:

Pripremite vodenu kupelj i stavite Sous Vide u nju. Postavite na 149 F.

Pomiješajte sve sastojke u vrećicu koja se može vakuumirati i protresite da se dobro obliže. Ispustite zrak metodom istiskivanja vode, zatvorite i uronite vrećicu u vodenu kupelj. Postavite mjerač vremena na 63 minute. Nakon što se tajmer zaustavi, izvadite vrećicu i poslužite po želji.

Adobo piletina

Vrijeme pripreme + kuhanja: 4 sata 25 minuta | Porcije: 6

Sastojci:

2 kilograma pilećih bataka

3 žlice papra u zrnu

1 šalica pilećeg temeljca

½ šalice soja umaka

2 žlice octa

1 žlica češnjaka u prahu

Upute:

Pripremite vodenu kupelj i stavite Sous Vide u nju. Postavite na 155 F.

Stavite piletinu, sojin umak i češnjak u prahu u vrećicu koja se može vakuumski zatvoriti. Ispustite zrak metodom istiskivanja vode, zatvorite i uronite vrećicu u vodenu kupelj. Postavite mjerač vremena na 4 sata. Nakon što se tajmer zaustavi, izvadite vrećicu i stavite je u lonac. Dodajte preostale sastojke. Kuhajte još 15 minuta.

"Eat-me" voćni chorizo

Vrijeme pripreme + kuhanja: 75 minuta | Porcije: 4

Sastojci

2½ šalice bijelog grožđa bez sjemenki, bez peteljki
1 žlica svježeg ružmarina, nasjeckanog
2 žlice maslaca
4 chorizo kobasice
2 žlice balzamičnog octa
Sol i crni papar po ukusu

Upute

Pripremite vodenu kupelj i stavite Sous Vide u nju. Postavite na 165 F. Stavite maslac, bijelo grožđe, ružmarin i chorizo u vrećicu koja se može vakuumski zatvoriti. Dobro protresi. Ispustite zrak metodom istiskivanja vode, zatvorite i uronite vrećicu u vodenu kupelj. Kuhajte 60 minuta.

Nakon što se tajmer zaustavi, smjesu choriza prebacite na tanjur. U vrući lonac ulijte tekućinu od kuhanja zajedno s grožđem i balzamičnim octom. Miješajte 3 minute. Chorizo prelijte umakom od grožđa.

Piletina i gljive u marsala umaku

Vrijeme pripreme + kuhanja: 2 sata 25 minuta | Porcije: 2

Sastojci:

2 pileća prsa, bez kože i kostiju
1 šalica vina Marsala
1 šalica pileće juhe
14 unci gljiva, narezanih
½ žlice brašna
1 žlica maslaca
Sol i crni papar po ukusu
2 režnja češnjaka, mljevena
1 ljutika, mljevena

Upute:

Pripremite vodenu kupelj i stavite Sous Vide u nju. Postavite na 140 F. Začinite piletinu solju i paprom i stavite u vrećicu koja se može vakuumski zatvoriti zajedno s gljivama. Ispustite zrak metodom istiskivanja vode, zatvorite i potopite u vodenu kupelj. Kuhajte 2 sata.

Nakon što se tajmer zaustavi, uklonite vrećicu. Otopite maslac u tavi na srednje jakoj vatri, umiješajte brašno i preostale sastojke. Kuhajte dok se umak ne zgusne. Dodajte piletinu i kuhajte 1 minutu.

Marelice vanilije s viskijem

Vrijeme pripreme + kuhanja: 45 minuta | Porcije: 4

Sastojci

2 marelice, bez koštica i na četvrtine

½ šalice raženog viskija

½ šalice ultrafinog šećera

1 žličica ekstrakta vanilije

Posolite po ukusu

Upute

Pripremite vodenu kupelj i u nju stavite Sous Vide. Postavite na 182 F. Sve sastojke stavite u vrećicu koja se može vakuumski zatvoriti. Ispustite zrak metodom istiskivanja vode, zatvorite i potopite u vodenu kupelj. Kuhajte 30 minuta. Nakon što se tajmer zaustavi, uklonite vrećicu i prebacite je u ledenu kupku.

Lagani začinjeni humus

Vrijeme pripreme + kuhanja: 3 sata 35 minuta | Porcije: 6

Sastojci

1½ šalice sušenog slanutka, namočenog preko noći

2 litre vode

¼ šalice soka od limuna

¼ šalice tahini paste

2 režnja češnjaka, mljevena

2 žlice maslinovog ulja

½ žličice sjemenki kima

½ žličice soli

1 žličica kajenskog papra

Upute

Pripremite vodenu kupelj i stavite Sous Vide u nju. Postavite na 196 F.

Procijedite slanutak i stavite ga u vrećicu koja se može vakuumirati s 1 litrom vode. Ispustite zrak metodom istiskivanja vode, zatvorite i uronite vrećicu u vodenu kupelj. Kuhajte 3 sata. Nakon što se tajmer zaustavi, izvadite vrećicu i prebacite je u kupku s ledenom vodom i ostavite da se ohladi.

U blenderu miksajte limunov sok i tahini pastu 90 sekundi. Dodajte češnjak, maslinovo ulje, sjemenke kima i sol, miješajte 30 sekundi dok smjesa ne postane glatka. Izvadite slanutak i ocijedite ga. Za glatkiji hummus ogulite slanutak.

U sjeckalici pomiješajte polovicu slanutka sa smjesom tahinija i miksajte 90 sekundi. Dodajte preostali slanutak i miksajte dok ne postane glatko. Smjesu stavite u tanjur i ukrasite kajenskim paprom i ostavljenim slanutkom.

Batak od kafirske limete

Vrijeme pripreme + kuhanja: 80 minuta | Porcije: 7)

Sastojci:

16 unci pilećih bataka

2 žlice listova cilantra

1 žličica sušene metvice

1 žličica majčine dušice

Sol i bijeli papar po ukusu

1 žlica maslinovog ulja

1 žlica nasjeckanih listova kaffir limete

Upute:

Pripremite vodenu kupelj i stavite Sous Vide u nju. Postavite na 153 F. Stavite sve sastojke u vrećicu koja se može vakuumski zatvoriti. Umasirajte da se piletina dobro obloži. Ispustite zrak metodom istiskivanja vode, zatvorite i uronite vrećicu u vodenu kupelj. Postavite tajmer na 70 minuta. Kada završite, uklonite vrećicu. Poslužite toplo.

Mliječni pire krumpir s ružmarinom

Vrijeme pripreme + kuhanja: 1 sat 45 minuta | Porcije: 4

Sastojci

2 kilograma crvenog krumpira
5 režnjeva češnjaka
8 oz maslaca
1 šalica punomasnog mlijeka
3 grančice ružmarina
Sol i bijeli papar po ukusu

Upute

Pripremite vodenu kupelj i stavite Sous Vide u nju. Postavite na 193 F. Operite krumpire i ogulite ih te narežite na ploške. Uzmite češnjak, ogulite ga i zgnječite. Pomiješajte krumpir, češnjak, maslac, 2 žlice soli i ružmarin. Stavite u vrećicu koja se može vakuumski zatvoriti. Ispustite zrak metodom istiskivanja vode, zatvorite i uronite vrećicu u vodenu kupelj. Kuhajte 1 sat i 30 minuta.

Nakon što se tajmer zaustavi, izvadite vrećicu i prebacite ih u zdjelu te ih zgnječite. Umiješajte izmiksani maslac i mlijeko. Posolite i popaprite. Pospite ružmarinom i poslužite.

Slatki ćevapi od tofua s povrćem

Vrijeme pripreme + kuhanja: 65 minuta | Porcije: 8)

Sastojci

1 tikvica, narezana na ploške

1 patlidžan, narezan na ploške

1 žuta paprika, nasjeckana

1 crvena paprika, nasjeckana

1 zelena paprika, nasjeckana

16 unci tofu sira

¼ šalice maslinovog ulja

1 žličica meda

Sol i crni papar po ukusu

Upute

Pripremite vodenu kupelj i stavite Sous Vide u nju. Postavite na 186 F.

Stavite tikvice i patlidžan u vrećicu koja se može vakuumirati. Stavite komadiće paprike u vrećicu koja se može vakuumski zatvoriti. Ispustite zrak metodom istiskivanja vode, zatvorite i uronite vrećice u vodenu kupelj. Kuhajte 45 minuta. Nakon 10 minuta zagrijte tavu na srednje jakoj vatri.

Procijedite tofu i osušite. Nasjeckajte na kocke. Premažite maslinovim uljem i prebacite u tavu te pržite dok ne porumene sa svake strane. Prebacite u zdjelu, prelijte medom i poklopite. Ostavite da se ohladi. Nakon što se tajmer zaustavi, izvadite vrećice i prebacite sav sadržaj u zdjelu. Posolite i popaprite. Odbacite sokove od kuhanja. Stavite povrće i tofu, naizmjenično, u ćevape.

Dijon pileći fileti

Vrijeme pripreme + kuhanja: 65 minuta | Porcije: 4

Sastojci:

1 funta pilećih filea
3 žlice Dijon senfa
2 glavice luka, naribane
2 žlice kukuruznog škroba
½ šalice mlijeka
1 žlica limunove korice
1 žličica majčine dušice
1 žličica origana
Češnjak sol i crni papar po ukusu
1 žlica maslinovog ulja

Upute:

Pripremite vodenu kupelj i stavite Sous Vide u nju. Postavite na 146 F. Umutite sve sastojke i stavite u vrećicu koja se može vakuumski zatvoriti. Ispustite zrak metodom istiskivanja vode, zatvorite i uronite vrećicu u vodenu kupelj. Postavite mjerač vremena na 45 minuta. Nakon što se tajmer zaustavi, izvadite vrećicu i prebacite u lonac te kuhajte na srednjoj vatri 10 minuta.

Paprike punjene mrkvom i orasima

Vrijeme pripreme + kuhanja: 2 sata 35 minuta | Porcije: 5

Sastojci

4 ljutike, nasjeckane

4 mrkve, nasjeckane

4 češnja češnjaka, mljevena

1 šalica sirovih indijskih oraščića, namočenih i ocijeđenih

1 šalica pekan oraha, namočenih i ocijeđenih

1 žlica balzamičnog octa

1 žlica soja umaka

1 žlica mljevenog kumina

2 žličice paprike

1 žličica češnjaka u prahu

1 prstohvat kajenskog papra

4 grančice svježeg timijana

Korica od 1 limuna

4 paprike babure, odrezane vrhove i sjemenke

Upute

Pripremite vodenu kupelj i stavite Sous Vide u nju. Postavite na 186 F.

Pomiješajte u blenderu mrkvu, češnjak, ljutiku, indijske oraščiće, pekan orahe, balzamični ocat, sojin umak, kumin, papriku, češnjak u prahu, ljutu papriku, majčinu dušicu i koricu limuna. Miješajte dok ne postane grubo.

Ulijte smjesu u ljuske paprika i stavite u vrećicu koja se može vakuumirati. Ispustite zrak metodom istiskivanja vode, zatvorite i uronite vrećicu u vodenu kupelj. Kuhajte 1 sat i 15 minuta. Nakon što se tajmer zaustavi, izvadite paprike i prebacite ih na tanjur.

Narančasta patka s paprikom i majčinom dušicom

Vrijeme pripreme + kuhanja: 15 sati 10 minuta | Porcije: 4

Sastojci:

16 unci pačjih bataka
1 žličica narančine korice
2 žlice kaffir listova
1 žličica soli
1 žličica šećera
1 žlica soka od naranče
2 žličice sezamovog ulja
½ žličice paprike
½ žličice timijana

Upute:

Pripremite vodenu kupelj i stavite Sous Vide u nju. Postavite na 160 F. Ubacite sve sastojke u vrećicu koja se može vakuumski zatvoriti. Masaža dobro kombinirati. Ispustite zrak metodom istiskivanja vode, zatvorite i uronite vrećicu u vodenu kupelj. Postavite mjerač vremena na 15 sati.

Nakon što se tajmer zaustavi, uklonite vrećicu. Poslužite toplo.

Pureći but umotan u slaninu

Vrijeme pripreme + kuhanja: 6 sati 15 minuta | Porcije: 5

Sastojci:

14 unci purećeg buta
5 unci slanine, narezane na ploške
½ žličice čili pahuljica
2 žličice maslinovog ulja
1 žlica kiselog vrhnja
½ žličice origana
½ žličice paprike
¼ limuna, narezanog na kriške

Upute:

Pripremite vodenu kupelj i stavite Sous Vide u nju. Postavite na 160 F.

Pomiješajte u zdjeli začinsko bilje i začine s kiselim vrhnjem i premažite puretinu. Zamotajte u slaninu i pokapajte maslinovim uljem. Stavite u vrećicu koja se može vakuumirati zajedno s limunom. Ispustite zrak metodom istiskivanja vode, zatvorite i uronite vrećicu u vodenu kupelj. Postavite tajmer na 6 sati. Nakon što se tajmer zaustavi, uklonite vrećicu i narežite. Poslužite toplo.

Mješavina šparoga od estragona

Vrijeme pripreme + kuhanja: 25 minuta | Porcije: 3

Sastojci:

1 ½ lb srednjih šparoga

5 žlica maslaca

2 žlice soka od limuna

½ žličice limunove korice

1 žlica vlasca, narezanog na ploške

1 žlica nasjeckanog peršina

1 žlica + 1 žlica svježeg kopra, nasjeckanog

1 žlica + 1 žlica nasjeckanog estragona

Upute:

Napravite vodenu kupelj, stavite Sous Vide u nju i postavite na 183 F. Odrežite i odbacite čvrste donje dijelove šparoga. Stavite šparoge u vrećicu koja se može vakuumirati.

Ispustite zrak metodom istiskivanja vode, zatvorite i potopite u vodenu kupelj te namjestite mjerač vremena na 10 minuta.

Nakon što se tajmer zaustavi, uklonite vrećicu i otvorite je. Stavite tavu na laganu vatru, dodajte maslac i šparoge kuhane na pari. Začinite solju i paprom i neprestano miješajte. Dodajte sok i koricu limuna i kuhajte 2 minute.

Ugasite vatru i dodajte peršin, 1 žlicu kopra i 1 žlicu estragona. Bacite ravnomjerno. Ukrasite preostalim koprom i estragonom. Poslužite toplo kao prilog.

Začinjeni odresci od cvjetače

Vrijeme pripreme + kuhanja: 35 minuta | Porcije: 5

Sastojci:

1 funta cvjetače, narezane na ploške
1 žlica kurkume
1 žličica čilija u prahu
½ žličice češnjaka u prahu
1 žličica sriracha
1 žlica chipotle
1 žlica teške
2 žlice maslaca

Upute:

Pripremite vodenu kupelj i stavite Sous Vide u nju. Postavite na 185 F.

Umutiti sve sastojke, osim cvjetače. Smjesom premažite odreske cvjetače. Stavite ih u vrećicu koja se može vakuumski zatvoriti. Ispustite zrak metodom istiskivanja vode, zatvorite i uronite vrećicu u vodenu kupelj. Postavite mjerač vremena na 18 minuta.

Nakon što se mjerač vremena zaustavi, uklonite vrećicu i prethodno zagrijte roštilj i pecite odreske minutu po strani.

Kajenske trakice krumpira s preljevom od majoa

Vrijeme pripreme + kuhanja: 1 sat 50 minuta | Porcije: 6

Sastojci

2 velika zlatna krumpira, izrezana na trakice

Sol i crni papar po ukusu

1½ žlice maslinovog ulja

1 žličica majčine dušice

1 žličica paprike

½ žličice kajenskog papra

1 žumanjak

2 žlice jabukovače octa

¾ šalice biljnog ulja

Sol i crni papar po ukusu

Upute

Pripremite vodenu kupelj i stavite Sous Vide u nju. Postavite na 186 F. Stavite krumpire s prstohvatom soli u vrećicu koja se može vakuumski zatvoriti. Ispustite zrak metodom istiskivanja vode, zatvorite i potopite u vodenu kupelj. Kuhajte 1 sat i 30 minuta.

Nakon što se tajmer zaustavi, izvadite krumpire i osušite ih kuhinjskim ručnikom. Odbacite sokove od kuhanja. Zagrijte ulje u tavi na srednje jakoj vatri. Dodajte krumpiriće i pospite paprikom, kajenskom paprikom, timijanom, crnim paprom i preostalom soli. Miješajte 7 minuta dok krumpir ne porumeni sa svih strana.

Za izradu majoneze: dobro pomiješajte žumanjak i pola octa. Polako ulijevajte vegetarijansko ulje uz miješanje dok smjesa ne postane glatka. Dodajte preostali ocat. Začinite solju i paprom i dobro promiješajte. Poslužite s krumpirićima.

Patka s maslacem i slatka

Vrijeme pripreme + kuhanja: 7 sati 10 minuta | Porcije: 7)

Sastojci:

2 funte pačjih krilaca
2 žlice šećera
3 žlice maslaca
1 žlica javorovog sirupa
1 žličica crnog papra
1 žličica soli
1 žlica paste od rajčice

Upute:

Pripremite vodenu kupelj i stavite Sous Vide u nju. Postavite na 175 F.

Pomiješajte sastojke u zdjeli i smjesom premažite krilca. Stavite krilca u vrećicu koja se može vakuumirati i prelijte preostalom smjesom. Ispustite zrak metodom istiskivanja vode, zatvorite i uronite vrećicu u vodenu kupelj. Postavite mjerač vremena na 7 sati. Nakon što se tajmer zaustavi, uklonite vrećicu i narežite. Poslužite toplo.

Jams s maslacem

Vrijeme pripreme + kuhanja: 1 sat i 10 minuta | Porcije: 4

Sastojci

1 funta batata, narezanog na kriške

8 žlica maslaca

½ šalice gustog vrhnja

Posolite po ukusu

Upute

Pripremite vodenu kupelj i stavite Sous Vide u nju. Postavite na 186 F. Pomiješajte gusto vrhnje, slatki krompir, košer sol i maslac. Stavite u vrećicu koja se može vakuumski zatvoriti. Ispustite zrak metodom istiskivanja vode, zatvorite i uronite vrećicu u vodenu kupelj. Kuhajte 60 minuta.

Nakon što se tajmer zaustavi, izvadite vrećicu i izlijte sadržaj u zdjelu. Kuhačom dobro izmiješajte i poslužite.

Quiche od špinata i gljiva

Vrijeme pripreme + kuhanja: 20 minuta | Porcije: 2

Sastojci:

1 šalica svježih Cremini gljiva, narezanih na ploške
1 šalica svježeg špinata, nasjeckanog
2 velika jaja, istučena
2 žlice punomasnog mlijeka
1 češanj češnjaka, samljeven
¼ šalice parmezana, naribanog
1 žlica maslaca
½ žličice soli

Upute:

Šampinjone operite pod mlazom hladne vode i narežite na tanke ploške. Staviti na stranu. Špinat dobro operite i grubo nasjeckajte.

U veliku vrećicu koja se može vakuumirati stavite gljive, špinat, mlijeko, češnjak i sol. Zatvorite vrećicu i kuhajte u sous videu 10 minuta na 180 F.

U međuvremenu otopite maslac u velikom loncu na srednje jakoj vatri. Izvadite mješavinu povrća iz vrećice i dodajte u lonac. Kuhajte 1 minutu, a zatim dodajte razmućena jaja. Dobro promiješajte dok se ne sjedini i kuhajte dok se jaja ne stvrdnu. Pospite naribanim sirom i maknite s vatre za posluživanje.

Meksički kukuruz s maslacem

Vrijeme pripreme + kuhanja: 40 minuta | Porcije: 2

Sastojci

2 klasja kukuruza, oljuštena

2 žlice hladnog maslaca

Sol i crni papar po ukusu

¼ šalice majoneze

½ žlice meksičkog čilija u prahu

½ žličice naribane korice limete

¼ šalice izmrvljenog feta sira

¼ šalice nasjeckanog svježeg cilantra

Kriške limete za posluživanje

Upute

Pripremite vodenu kupelj i stavite Sous Vide u nju. Postavite na 183 F.

Stavite kukuruzno klasje i maslac u vrećicu koja se može vakuumski zatvoriti. Posolite i popaprite. Ispustite zrak metodom istiskivanja vode, zatvorite i uronite vrećicu u vodenu kupelj. Kuhajte 30 minuta.

Nakon što se tajmer zaustavi, izvadite kukuruz. U malu vrećicu stavite majonezu, koricu limete i čili u prahu. Dobro protresi. U tanjur stavite feta sir. Prelijte kukuruzno klasje 1 žlicom mješavine majoneze i zarolajte ih na sir. Ukrasite solju. Poslužiti.

Sirne kruške s orasima

Vrijeme pripreme + kuhanja: 55 minuta | Porcije: 2

Sastojci

1 kruška, narezana na kriške

1 funta meda

½ šalice oraha

4 žlice naribanog Grana Padano sira

2 šalice listova rukole

Sol i crni papar po ukusu

2 žlice soka od limuna

2 žlice maslinovog ulja

Upute

Pripremite vodenu kupelj i stavite Sous Vide u nju. Postavite na 158 F. Pomiješajte med i kruške. Stavite u vrećicu koja se može vakuumski zatvoriti. Ispustite zrak metodom istiskivanja vode, zatvorite i uronite vrećicu u vodenu kupelj. Kuhajte 45 minuta. Nakon što se tajmer zaustavi, izvadite vrećicu i prebacite je u zdjelu. Prelijte preljevom.

Kaša od brokule i plavog sira

Vrijeme pripreme + kuhanja: 1 sat 40 minuta | Porcije: 6

Sastojci

1 glavica brokule, narezana na cvjetiće

3 žlice maslaca

Sol i crni papar po ukusu

1 žlica peršina

5 oz plavog sira, izmrvljenog

Upute

Pripremite vodenu kupelj i stavite Sous Vide u nju. Postavite na 186 F.

Stavite brokulu, maslac, sol, peršin i crni papar u vrećicu koja se može vakuumski zatvoriti. Ispustite zrak metodom istiskivanja vode, zatvorite i uronite vrećicu u vodenu kupelj. Kuhajte 1 sat i 30 minuta.

Nakon što se tajmer zaustavi, izvadite vrećicu i prebacite u blender. Stavite sir unutra i miješajte velikom brzinom 3-4 minute dok smjesa ne postane glatka. Poslužiti.

Tikvice s karijem

Vrijeme pripreme + kuhanja: 40 minuta | Porcije: 3

Sastojci:

3 manje tikvice, narezane na kockice
2 žličice curry praha
1 žlica maslinovog ulja
Sol i crni papar po ukusu
¼ šalice cilantra

Upute:

Napravite vodenu kupelj, stavite Sous Vide u nju i postavite na 185 F. Stavite tikvice u vrećicu koja se može vakuumirati. Ispustite zrak metodom istiskivanja vode, zatvorite i uronite vrećicu u vodenu kupelj. Kuhajte 20 minuta. Nakon što se tajmer zaustavi, izvadite i otvorite vrećicu. Stavite tavu na srednju temperaturu, dodajte maslinovo ulje. Kad se zagrijalo dodajte tikvice i ostale navedene sastojke. Posolite i uz miješanje pržite 5 minuta. Poslužite kao prilog.

Zapečeni slatki krumpir s orašastim plodovima

Vrijeme pripreme + kuhanja: 3 sata 45 minuta | Porcije: 2

Sastojci

1 funta slatkog krumpira, narezanog na ploške
Posolite po ukusu
¼ šalice oraha
1 žlica kokosovog ulja

Upute

Pripremite vodenu kupelj i stavite Sous Vide u nju. Postavite na 146 F. Stavite krumpire i sol u vrećicu koja se može vakuumski zatvoriti. Ispustite zrak metodom istiskivanja vode, zatvorite i uronite vrećicu u vodenu kupelj. Kuhajte 3 sata. Zagrijte tavu na srednjoj vatri i tostirajte orahe. Usitnite ih.

Zagrijte na 375 F i obložite lim za pečenje folijom za pečenje. Nakon što se tajmer zaustavi, izvadite krumpire i prebacite ih u lim za pečenje. Poprskajte kokosovim uljem i pecite 20-30 minuta. Bacite jednom. Poslužite preliveno prženim orasima.

Začinjena ukiseljena repa

Vrijeme pripreme + kuhanja: 50 minuta | Porcije: 4

Sastojci

12 oz cikle, narezane na ploške

½ jalapeno papra

1 češanj češnjaka narezan na kockice

2/3 šalice bijelog octa

2/3 šalice vode

2 žlice začina za kiseljenje

Upute

Pripremite vodenu kupelj i stavite Sous Vide u nju. Postavite na 192 F. U 5 staklenki pomiješajte jalapeño papar, ciklu i režnjeve češnjaka.

Zagrijte lonac i zakuhajte začin za kiseljenje, vodu i bijeli ocat. Ocijedite i prelijte mješavinom cikle unutar staklenki. Zatvorite i potopite staklenke u vodenu kupelj. Kuhajte 40 minuta. Nakon što se tajmer zaustavi, izvadite staklenke i ostavite da se ohlade. Poslužiti.

Začinjeni kukuruzni maslac

Vrijeme pripreme + kuhanja: 35 minuta | Porcije: 5

Sastojci

5 žlica maslaca

5 klasova žutog kukuruza, oljuštenih

1 žlica svježeg peršina

½ žličice kajenskog papra

Posolite po ukusu

Upute

Pripremite vodenu kupelj i stavite Sous Vide u nju. Postavite na 186 F.

Stavite 3 klasa kukuruza u svaku vrećicu koja se može zatvoriti vakuumom. Ispustite zrak metodom istiskivanja vode, zatvorite i uronite vrećice u vodenu kupelj. Kuhajte 30 minuta. Nakon što se tajmer zaustavi, izvadite kukuruz iz vrećica i prebacite ga na tanjur. Ukrasite kajenskim paprom i peršinom.

Krumpir s paprikom i ružmarinom

Vrijeme pripreme + kuhanja: 55 minuta | Porcije: 4

Sastojci

8 oz prstaca krumpira

Sol i crni papar po ukusu

1 žlica maslaca

1 grančica ružmarina

1 žličica paprike

Upute

Pripremite vodenu kupelj i stavite Sous Vide u nju. Postavite na 178 F.

Pomiješajte krumpir sa soli, paprikom i paprom. Stavite ih u vrećicu koja se može vakuumski zatvoriti. Ispustite zrak metodom istiskivanja vode, zatvorite i uronite vrećicu u vodenu kupelj. Kuhajte 45 minuta.

Nakon što se tajmer zaustavi, izvadite krumpir i prerežite ga na pola. Zagrijte maslac u tavi na srednje jakoj vatri pa umiješajte ružmarin i krumpir. Kuhajte 3 minute. Poslužite u tanjuru. Ukrasite solju.

Kruh od bundeve u staklenkama

Vrijeme pripreme + kuhanja: 3 sata 40 minuta | Porcije: 4

Sastojci:

1 jaje, tučeno

6 žlica konzerviranog pirea od bundeve

6 unci brašna

1 žličica praška za pecivo

1 žličica cimeta

¼ žličice muškatnog oraščića

1 žlica šećera

¼ žličice soli

Upute:

Pripremite vodenu kupelj i stavite Sous Vide u nju. Postavite na 195 F.

Prosijte brašno zajedno s praškom za pecivo, soli, cimetom i muškatnim oraščićem u zdjelu. Umiješajte razmućeno jaje, šećer i pire od bundeve. Miješati da se dobije tijesto.

Podijelite tijesto u dvije staklenke i zatvorite. Stavite u vodenu kupelj i kuhajte 3 sata i 30 minuta. Kada prođe vrijeme, izvadite staklenke i ostavite da se ohladi prije posluživanja.

Jaja s porilukom i češnjakom

Vrijeme pripreme + kuhanja: 35 minuta | Porcije: 2

Sastojci:

2 šalice svježeg poriluka, nasjeckanog na komadiće veličine zalogaja
5 češnjaka, cijelih
1 žlica maslaca
2 žlice ekstra djevičanskog maslinovog ulja
4 velika jaja
1 žličica soli

Upute:

Umutiti jaja, maslac i sol. Prebacite u vrećicu koja se može vakuumirati i kuhajte u Sous Videu deset minuta na 165 F. Nježno prebacite na tanjur. Zagrijte ulje u velikoj tavi na srednje jakoj vatri. Dodajte češnjak i nasjeckani poriluk. Uz miješanje pržite desetak minuta. Maknite s vatre i upotrijebite za vrhnje jaja.

Kremasti umak od artičoke

Vrijeme pripreme + kuhanja: 1 sat 45 minuta | Porcije: 6

Sastojci:

2 žlice maslaca

2 glavice luka, narezane na četvrtine

3 češnja češnjaka, nasjeckana

15 oz srca artičoke, nasjeckane

18 oz smrznutog špinata, odmrznutog

5 oz zelenih čilija

3 žlice majoneze

3 žlice tučenog krem sira

Upute:

Napravite vodenu kupelj, stavite Sous Vide u nju i na 181 F. Podijelite luk, češnjak, srca artičoke, špinat i zeleni čili u 2 vrećice koje se mogu vakuumski zatvoriti. Ispustite zrak metodom istiskivanja vode, zatvorite i uronite vrećice u vodenu kupelj. Postavite tajmer na 30 minuta za kuhanje.

Nakon što se tajmer zaustavi, izvadite i otvorite vrećice. Sastojke izradite u pire pomoću blendera. Stavite tavu na srednju vatru i dodajte maslac. Stavite pire od povrća, limunov sok, majonezu i krem sir. Posolite i popaprite. Promiješajte i kuhajte 3 minute. Poslužite toplo s trakicama povrća.

Umak od sira od rotkvica

Vrijeme pripreme + kuhanja: 1 sat i 15 minuta | Porcije: 4

Sastojci:

30 manjih rotkvica, uklonjenih zelenih listova
1 žlica Chardonnay octa
Šećer po ukusu
1 šalica vode za kuhanje na pari
1 žlica ulja sjemenki grožđa
12 oz krem sira

Upute:

Napravite vodenu kupelj, stavite Sous Vide u nju i postavite na 183 F. Stavite rotkvice, sol, papar, vodu, šećer i ocat u vrećicu koja se može vakuumirati. Ispustite zrak iz vrećice, zatvorite i uronite u vodenu kupelj. Kuhajte 1 sat. Nakon što se tajmer zaustavi, izvadite vrećicu, otvorite i prebacite rotkvice s malo vode na pari u blender. Dodajte krem sir i pasirajte da dobijete glatku pastu. Poslužiti.

Celer Dip

Vrijeme pripreme + kuhanja: 50 minuta | Porcije: 3

Sastojci:

½ lb korijena celera, narezanog na ploške
1 šalica gustog vrhnja
3 žlice maslaca
1 žlica limunovog soka
Posolite po ukusu

Upute:

Napravite vodenu kupelj, stavite Sous Vide u nju i postavite na 183 F. Stavite celer, vrhnje, limunov sok, maslac i sol u vrećicu koja se može vakuumski zatvoriti. Ispustite zrak iz vrećice, zatvorite i uronite u kadu. Kuhajte 40 minuta. Nakon što se tajmer zaustavi, izvadite i otvorite vrećicu. Sastojke izradite u pire pomoću blendera. Poslužiti.

Pikantni BBQ umak

Vrijeme pripreme + kuhanja: 1 sat i 15 minuta | Porcije: 10)

Sastojci:

1 ½ lb malih rajčica

¼ šalice jabučnog octa

¼ žličice šećera

1 žlica Worcestershire umaka

½ žlice tekućeg dima hikorije

2 žličice dimljene paprike

2 žličice češnjaka u prahu

1 žličica luka u prahu

Posolite po ukusu

½ žličice čilija u prahu

½ žličice kajenskog papra

4 žlice vode

Upute:

Napravite vodenu kupelj, stavite Sous Vide u nju i postavite na 185 F.

Odvojite rajčice u dvije vrećice koje se mogu vakumirati. Ispustite zrak metodom istiskivanja vode, zatvorite i uronite vrećice u vodenu kupelj. Postavite tajmer na 40 minuta.

Nakon što se tajmer zaustavi, izvadite i otvorite vrećice. Prebacite rajčice u blender i pasirajte dok ne postane glatko i gusto. Nemojte dodavati vodu.

Stavite lonac na srednju vatru, dodajte pire od rajčice i preostale sastojke. Pustite da prokuha uz neprestano miješanje 20 minuta. Treba postići gustu konzistenciju.

Peri Peri umak

Vrijeme pripreme + kuhanja: 40 minuta | Porcije: 15

Sastojci:

2 lb crvene čili papričice
4 češnja češnjaka, zgnječena
2 žličice dimljene paprike
1 šalica lišća cilantra, nasjeckanog
½ šalice nasjeckanog lišća bosiljka
1 šalica maslinovog ulja
sok od 2 limuna

Upute:

Napravite vodenu kupelj, stavite Sous Vide u nju i postavite na 185 F.

Stavite paprike u vrećicu koja se može vakumirati. Ispustite zrak metodom istiskivanja vode, zatvorite i uronite vrećicu u vodenu kupelj. Postavite tajmer na 30 minuta.

Nakon što se tajmer zaustavi, izvadite i otvorite vrećicu. Papriku i preostale navedene sastojke prebacite u blender i izmiksajte u pire.

Čuvajte u hermetički zatvorenoj posudi, ohladite i koristite do 7 dana.

Sirup od đumbira

Vrijeme pripreme + kuhanja: 1 sat i 10 minuta | Porcije: 10)

Sastojci:

1 šalica đumbira, narezanog na tanke ploške
1 veliki bijeli luk, oguljen
2 ½ šalice vode
¼ šalice šećera

Upute:

Napravite vodenu kupelj, stavite Sous Vide u nju i postavite na 185 F. Stavite luk u vrećicu koja se može vakuumski zatvoriti. Ispustite zrak metodom istiskivanja vode, zatvorite i potopite u vodenu kupelj. Kuhajte 40 minuta.

Nakon što se tajmer zaustavi, izvadite i otvorite vrećicu. Premjestite luk s 4 žlice vode u blender i pasirajte u glatku smjesu. Stavite lonac na srednju vatru, dodajte pire od luka i preostale navedene sastojke. Pustite da vrije 15 minuta. Ugasite vatru, ohladite i procijedite kroz gusto cjedilo. Spremite u staklenku, ohladite i koristite do 14 dana. Koristite ga kao začin drugoj hrani.

Lagano pirjajte brokulu

Vrijeme pripreme + kuhanja: 45 minuta | Porcije: 4

Sastojci

1 funta svježe brokule

¼ šalice maslaca, otopljenog

Sol i crni papar po ukusu

Upute

Pripremite vodenu kupelj i stavite Sous Vide u nju. Postavite na 183 F.

Narežite brokulu na četvrtine. Stavite ih u vrećicu koja se može vakuumski zatvoriti. Posolite i popaprite. Dodajte u maslac. Ispustite zrak metodom istiskivanja vode, zatvorite i uronite vrećicu u vodenu kupelj. Kuhajte 30 minuta. Nakon što se tajmer zaustavi, uklonite vrećicu. Poslužiti

Gulaš od čili kupusa

Vrijeme pripreme + kuhanja: 1 sat i 15 minuta | Porcije: 2

Sastojci

2 funte bijelog kupusa, nasjeckanog

2 žlice maslinovog ulja

Posolite po ukusu

¼ šalice ribljeg umaka

2 žlice vode

1½ žlice granuliranog šećera

1 žlica rižinog octa

1½ žličice soka od limete

12 komada tanko narezanog čilija

1 manji mljeveni režanj češnjaka

Usitnjena svježa menta

Nasjeckani svježi cilantro

Upute

Pripremite vodenu kupelj i stavite Sous Vide u nju. Postavite na 183 F.

Pomiješajte kupus, maslinovo ulje i sol. Stavite u vrećicu koja se može vakuumski zatvoriti. Ispustite zrak metodom istiskivanja vode, zatvorite i uronite vrećicu u vodenu kupelj. Kuhajte 50 minuta. Za vinaigrette, u zdjeli pomiješajte riblji umak, šećer, vodu, rižin ocat, sok limete, češnjak i čili.

Nakon što se tajmer zaustavi, izvadite vrećicu i prebacite je na aluminijsku foliju te zagrijte. Pirjajte kupus 5 minuta. Poslužite u zdjelici s vinaigretteom. Na vrh stavite mentu i cilantro.

Pilav od riže i poriluka s orasima

Vrijeme pripreme + kuhanja: 3 sata 15 minuta | Porcije: 4

Sastojci

1 žlica maslinovog ulja

1 poriluk narezan na tanke ploške

1 mljeveni češanj češnjaka

Posolite po ukusu

1 šalica isprane divlje riže

¼ šalice ribiza

2 šalice juhe od povrća

¼ šalice oraha, prženih i nasjeckanih

Upute

Pripremite vodenu kupelj i stavite Sous Vide u nju. Postavite na 182 F.

Zagrijte lonac na srednjoj vatri s uljem. Umiješajte češnjak, poriluk i 1/2 žlice soli. Kuhajte dok poriluk ne zamiriše. Maknite s vatre. Dodajte rižu i ribizle. Dobro promiješajte. Stavite smjesu u vrećicu koja se može vakuumski zatvoriti. Ispustite zrak metodom istiskivanja vode, zatvorite i uronite vrećicu u vodenu kupelj. Kuhajte 3 sata.

Nakon što se tajmer zaustavi, izvadite vrećicu i prebacite je u zdjelu. Odozgo posuti orasima.

Plata od mandarina i zelenog graha s lješnjacima

Vrijeme pripreme + kuhanja: 1 sat 20 minuta | Porcije: 9)

Sastojci

1 funta zelenog graha, podrezanog
2 male mandarine
2 žlice maslaca
Posolite po ukusu
2 oz lješnjaka

Upute

Pripremite vodenu kupelj i stavite Sous Vide u nju. Postavite na 186 F.

Pomiješajte zelene mahune, maslac i sol. Stavite u vrećicu koja se može vakuumski zatvoriti. Ogulite jednu od mandarina unutra. Ispustite zrak metodom istiskivanja vode, zatvorite i uronite vrećicu u vodenu kupelj. Kuhajte 60 minuta.

Nakon što se tajmer zaustavi, uklonite vrećicu. Zagrijte pećnicu na 400 F. i tostirajte lješnjake 7 minuta. Ogulite i nasjeckajte, a mahune pospite lješnjacima i koricom mandarine.

Krema od slatkog graška s muškatnim oraščićem

Vrijeme pripreme + kuhanja: 1 sat i 10 minuta | Porcije: 8)

Sastojci

1 funta smrznutog svježeg slatkog graška

1 šalica vrhnja pola-pola

¼ šalice maslaca

1 žlica kukuruznog škroba

¼ žličice mljevenog muškatnog oraščića

4 klinčića

2 lista lovora

Crni papar po ukusu

Upute

Pripremite vodenu kupelj i stavite Sous Vide u nju. Postavite na 183 F.

U zdjeli pomiješajte vrhnje, muškatni oraščić i kukuruzni škrob. Miješajte dok se kukuruzni škrob ne otopi. Stavite smjesu i preostale sastojke u vrećicu koja se može vakuumski zatvoriti. Ispustite zrak metodom istiskivanja vode, zatvorite i uronite vrećicu u vodenu kupelj. Kuhajte 1 sat.

Nakon što se tajmer zaustavi, uklonite vrećicu. Vrh pospite crnim paprom.

Miso od tikvica sa sezamom

Vrijeme pripreme + kuhanja: 3 sata 15 minuta | Porcije: 2

Sastojci

1 tikvica, narezana na ploške

¼ šalice bijelog misa

2 žlice talijanskog začina

2 žlice sakea

1 žlica šećera

1 žličica sezamovog ulja

Posolite po ukusu

2 žlice sjemenki sezama, prženih

2 žlice mladog luka, tanko narezanog

Upute

Pripremite vodenu kupelj i stavite Sous Vide u nju. Postavite na 186 F.

Stavite tikvice u vrećicu koja se može vakumirati. Ispustite zrak metodom istiskivanja vode, zatvorite i uronite vrećicu u vodenu kupelj. Kuhajte 3 sata.

Nakon što se tajmer zaustavi, izvadite vrećicu i premjestite je na lim za pečenje. Bacite sok od kuhanja. Za miso umak, pomiješajte miso, sake, šećer, talijanske začine i sezamovo ulje u maloj posudi. Umutite dok ne postane glatko. Premažite tikvice umakom i karamelizirajte 3-5 minuta. Poslužite na pladnju i pospite sezamom.

Mrkva od agave na bazi maslaca

Vrijeme pripreme + kuhanja: 1 sat 25 minuta | Porcije: 4

Sastojci

1 funta mlade mrkve

4 žlice veganskog maslaca

1 žlica nektara agave

Posolite po ukusu

¼ žličice mljevenog muškatnog oraščića

Upute

Pripremite vodenu kupelj i stavite Sous Vide u nju. Postavite na 186 F.

Stavite mrkvu, med, cijeli maslac, košer sol i muškatni oraščić u vrećicu koja se može vakuumski zatvoriti. Ispustite zrak metodom istiskivanja vode, zatvorite i uronite vrećicu u vodenu kupelj. Kuhajte 75 minuta.

Nakon što se tajmer zaustavi, uklonite vrećicu i ocijedite sok od kuhanja. Staviti na stranu. Premjestite mrkvu u tanjur i pospite sokom.

Artičoke s maslacem s limunom i češnjakom

Vrijeme pripreme + kuhanja: 1 sat 45 minuta | Porcije: 4

Sastojci

4 žlice limunovog soka

12 malih artičoka

4 žlice maslaca

2 mljevena svježa češnja češnjaka

1 žličica svježe limunove korice

Sol, po ukusu

1 žličica kopra

Mljeveni crni papar, po ukusu

Nasjeckani svježi peršin za posluživanje

Upute

Pripremite vodenu kupelj i stavite Sous Vide u nju. Postavite na 182 F. Pomiješajte hladnu vodu s 2 žlice soka od limuna. Artičoke ogulite i sitno nasjeckajte. Prebacite u vodu i ostavite da se odmori.

Zagrijte maslac u tavi na srednje jakoj vatri i skuhajte kopar, češnjak 2 žlice limunovog soka i koricu. Začinite solju i paprom, ostavite da se hladi 5 minuta.

Artičoke ocijedite i stavite u vrećicu koja se može vakuumirati. Dodajte u smjesu maslaca. Ispustite zrak metodom istiskivanja vode, zatvorite i uronite vrećicu u vodenu kupelj. Kuhajte 1 sat i 30 minuta. Nakon što se tajmer zaustavi, izvadite artičoke i poslužite u zdjeli. Odozgo pospite peršinom.

Tofu od rajčice i agave

Vrijeme pripreme + kuhanja: 1 sat 45 minuta | Porcije: 6

Sastojci

1 šalica juhe od povrća

2 žlice paste od rajčice

1 žlica kurkume u prahu

1 žlica rižinog vinskog octa

1 žlica nektara agave

2 žličice sriracha umaka

3 češnja mljevenog češnjaka

1 žličica soja umaka

24 oz svilenog tofua, narezanog na kockice

Upute

Pripremite vodenu kupelj i stavite Sous Vide u nju. Postavite na 186 F. Pomiješajte sve sastojke u zdjeli, osim tofua.

Stavite tofu u vrećicu koja se može vakuumski zatvoriti. Dodajte smjesu. Ispustite zrak metodom istiskivanja vode, zatvorite i uronite vrećicu u vodenu kupelj. Kuhajte 1 sat i 30 minuta. Nakon što se tajmer zaustavi, uklonite vrećicu. Poslužiti.

Pečeni luk s pestom od suncokreta

Vrijeme pripreme + kuhanja: 2 sata 25 minuta | Porcije: 4

Sastojci

1 vezica velikog mladog luka, orezana i prepolovljena

½ šalice plus 2 žlice maslinovog ulja

Sol i crni papar po ukusu

2 žlice suncokretovih sjemenki

2 režnja češnjaka, oguljena

3 šalice slobodno upakiranih svježih listova bosiljka

3 žlice naribanog Grana Padano sira

1 žlica svježe iscijeđenog soka od limuna

Upute

Pripremite vodenu kupelj i stavite Sous Vide u nju. Postavite na 183 F.

Stavite luk u vrećicu koja se može vakuumski zatvoriti. Začinite solju, paprom i 2 žlice maslinova ulja. Ispustite zrak metodom istiskivanja vode, zatvorite i uronite vrećicu u vodenu kupelj. Kuhajte 2 sata.

U međuvremenu, za pesto umak, pomiješajte u procesoru sjemenke suncokreta, češnjak i bosiljak i miksajte dok ne budu fino nasjeckani. Pažljivo dodajte preostalo ulje. Dodajte sok od limuna i prestanite. Posolite i popaprite. Staviti na stranu.

Nakon što se tajmer zaustavi, uklonite vrećicu i prebacite luk u tavu i kuhajte 10 minuta. Poslužite i prelijte pesto umakom.

Slatko jelo od crvene cikle

Vrijeme pripreme + kuhanja: 1 sat 45 minuta | Porcije: 4

Sastojci

1 funta crvene cikle, oguljene i narezane na četvrtine

2 žlice maslaca

2 oguljene naranče, nasjeckane

1 žlica meda

3 žlice balzamičnog octa

4 žlice maslinovog ulja

Sol i crni papar po ukusu

6 oz listova mladog lišća

½ šalice nasjeckanih pistacija

½ šalice pecorino romano sira

Upute

Pripremite vodenu kupelj i stavite Sous Vide u nju. Postavite na 182 F.

Crvenu ciklu stavite u vrećicu koja se može vakuumirati. Dodajte maslac. Ispustite zrak metodom istiskivanja vode, zatvorite i uronite vrećicu u vodenu kupelj. Kuhajte 90 minuta.

Nakon što se tajmer zaustavi, uklonite vrećicu i bacite sokove od kuhanja. Pomiješajte med, ulje i ocat. Posolite i popaprite. Bacite lišće romana, naranču, ciklu i vinaigrette. Ukrasite pistaćima i pecorino romano sirom.

Provolone griz od sira

Vrijeme pripreme + kuhanja: 3 sata 20 minuta | Porcije: 4

Sastojci

1 šalica griza
1 šalica vrhnja
3 šalice temeljca od povrća
2 žlice maslaca
4 oz ribanog Provolone sira
1 žlica paprike
Dodatni sir za ukras
Sol i crni papar po ukusu

Upute

Pripremite vodenu kupelj i stavite Sous Vide u nju. Postavite na 182 F. Pomiješajte griz, vrhnje i temeljac od povrća. Maslac nasjeckajte i dodajte u smjesu. Stavite smjesu u vrećicu koja se može vakuumski zatvoriti. Ispustite zrak metodom istiskivanja vode, zatvorite i uronite vrećicu u vodenu kupelj. Kuhajte 3 sata.

Nakon što se tajmer zaustavi, izvadite vrećicu i prebacite je u zdjelu. Pomiješajte smjesu sa sirom i začinite solju i paprom. Po želji ukrasite dodatnim sirom i paprikom.

Ukiseljeni komorač s limunom bez napora

Vrijeme pripreme + kuhanja: 40 minuta | Porcije: 8)

Sastojci

1 šalica jabučnog octa

2 žlice šećera

Sok i korica od 1 limuna

Posolite po ukusu

2 lukovica komorača, narezana na ploške

½ žličice zdrobljenih sjemenki komorača

Upute

Pripremite vodenu kupelj i stavite Sous Vide u nju. Postavite na 182 F. Dobro pomiješajte ocat, šećer, limunov sok, sol, limunovu koricu i sjemenke komorača. Stavite smjesu u vrećicu koja se može vakuumski zatvoriti. Ispustite zrak metodom istiskivanja vode, zatvorite i uronite vrećicu u vodenu kupelj. Kuhajte 30 minuta. Nakon što se tajmer zaustavi, uklonite vrećicu i premjestite je u kupku s ledenom vodom. Ostavite da se ohladi.

Jednostavna raba od brokule

Vrijeme pripreme + kuhanja: 20 minuta | Porcije: 2

Sastojci

½ funte brokule rabe
1 žličica češnjaka u prahu
1 žlica veganskog maslaca
½ žličice morske soli
¼ žličice crnog papra

Upute

Pripremite vodenu kupelj i stavite Sous Vide u nju. Postavite na 192 F.

Stavite brokulu rabe, češnjak u prahu, morsku sol i crni papar u vrećicu koja se može vakuumski zatvoriti. Ispustite zrak metodom istiskivanja vode, zatvorite i uronite vrećicu u vodenu kupelj. Kuhajte 4 minute. Nakon što se tajmer zaustavi, izvadite brokulu na tanjur za posluživanje.

Krumpir s tartufima od češnjaka

Vrijeme pripreme + kuhanja: 1 sat 50 minuta | Porcije: 4

Sastojci

8 oz crvenih kriški krumpira

3 žlice maslaca od bijelog tartufa

1 žlica ulja od tartufa

Sol i crni papar po ukusu

1 češanj češnjaka, samljeven

Upute

Pripremite vodenu kupelj i stavite Sous Vide u nju. Postavite na 182 F.

Stavite maslac od tartufa, crveni krumpir i ulje od tartufa u vrećicu koja se može vakuumski zatvoriti. Posolite i popaprite. Dobro protresi. Ispustite zrak metodom istiskivanja vode, zatvorite i uronite vrećicu u vodenu kupelj. Kuhajte 90 minuta. Nakon što se tajmer zaustavi, izvadite krumpire i prebacite ih u vruću tavu. Kuhajte još 5 minuta dok tekućina ne ispari.

Domaća Giardiniera Picante

Vrijeme pripreme + kuhanja: 1 sat 20 minuta | Porcije: 8)

Sastojci

2 šalice bijelog vinskog octa

1 šalica vode

½ šalice šećera

Posolite po ukusu

1 žlica cijelog crnog papra u zrnu

2 funte prokulice, nasjeckane

1 paprika očišćena od sjemenki, nasjeckana

1 šalica mrkve, nasjeckane

½ sitno narezanog bijelog luka

2 Serrano paprike bez sjemenki, nasjeckane

Upute

Pripremite vodenu kupelj i stavite Sous Vide u nju. Postavite na 182 F.

Pomiješajte ocat, šećer, sol, vodu, papar, prokulice, luk, serrano papriku, papriku i mrkvu u vrećici koja se može vakuumski zatvoriti. Ispustite zrak metodom istiskivanja vode, zatvorite i uronite u kadu. Kuhajte 60 minuta. Nakon što se tajmer zaustavi, izvadite vrećicu i prebacite je u zdjelu.

Ukusne začinjene rajčice

Vrijeme pripreme + kuhanja: 60 minuta | Porcije: 4

Sastojci

4 komada rajčice izrezane na kockice

2 žlice maslinovog ulja

3 mljevena češnja češnjaka

1 žličica sušenog origana

1 žličica ružmarina

1 žličica fine morske soli

Upute

Pripremite vodenu kupelj i u nju stavite Sous Vide. Postavite na 146 F. Stavite sve sastojke u vrećicu koja se može vakuumski zatvoriti. Ispustite zrak metodom istiskivanja vode, zatvorite i uronite u kadu. Kuhajte 45 minuta. Nakon što se tajmer zaustavi, izvadite rajčice i prebacite ih na tanjur. Poslužite uz tost kriške francuskog kruha.

Jednostavan Alfredo preljev od povrća

Vrijeme pripreme + kuhanja: 1 sat 45 minuta | Porcije: 6

Sastojci

4 šalice nasjeckane cvjetače

2 šalice vode

2/3 šalice lješnjaka

2 češnja češnjaka

½ žličice sušenog origana

½ žličice sušenog bosiljka

½ žličice sušenog ružmarina

4 žlice prehrambenog kvasca

Sol i crni papar po ukusu

Upute

Pripremite vodenu kupelj i stavite Sous Vide u nju. Postavite na 172 F.

Stavite lješnjake, cvjetaču, origano, vodu, češnjak, ružmarin i bosiljak u vrećicu koja se može vakuumirati. Ispustite zrak metodom istiskivanja vode, zatvorite i uronite vrećicu u vodenu kupelj. Kuhajte 90 minuta.

Nakon što se tajmer zaustavi, izvadite sadržaj i prebacite u blender te miksajte dok ne postane pire. Poslužite uz tjesteninu.

Prekrasno varivo od graha i mrkve

Vrijeme pripreme + kuhanja: 3 sata 15 minuta | Porcije: 8)

Sastojci

1 šalica sušenog graha, namočenog preko noći

1 šalica vode

½ šalice maslinovog ulja

1 mrkva, nasjeckana

1 stabljika celera, nasjeckana

1 ljutika narezana na četvrtine

4 zgnječena češnja češnjaka

2 grančice svježeg ružmarina

2 lista lovora

Sol i crni papar, po ukusu

Upute

Pripremite vodenu kupelj i stavite Sous Vide u nju. Postavite na 192 F.

Mahune procijedite i operite. Stavite u vrećicu koja se može vakuumirati s maslinovim uljem, celerom, vodom, mrkvom, ljutikom, češnjakom, ružmarinom i lovorovim lišćem. Posolite i popaprite. Ispustite zrak metodom istiskivanja vode, zatvorite i uronite vrećicu u vodenu kupelj. Kuhajte 180 minuta.

Nakon što se tajmer zaustavi, izvadite grah. Odbacite lovorov list i ružmarin.

Lagana salata od dva graha

Vrijeme pripreme + kuhanja: 7 sati 10 minuta | Porcije: 6

Sastojci

4 oz suhog crnog graha

4 oz suhog graha

4 šalice vode

1 mljevena ljutika

Posolite po ukusu

1 žličica šećera

1 žlica šampanjca

3 žlice maslinovog ulja

Upute

Pripremite vodenu kupelj i stavite Sous Vide u nju. Postavite na 90 F. Pomiješajte crni grah, 3 šalice vode i grah u 4-6 staklenki. Zatvorite i potopite staklenke u vodenu kupelj. Kuhajte 2 sata.

Nakon što se tajmer zaustavi, izvadite staklenke i pospite ih ljutikom, košer soli i šećerom. Omogućite odmor. Zatvorite i ponovno uronite u vodenu kupelj. Kuhajte 4 sata.

Nakon što se tajmer zaustavi, izvadite staklenke i ostavite da se ohlade 1 sat. Dodajte maslinovo ulje i šampanjac i dobro protresite. Prebacite u zdjelu i poslužite.

Ukusno vegansko varivo s grahom Cannellini

Vrijeme pripreme + kuhanja: 3 sata 15 minuta | Porcije: 8)

Sastojci

1 šalica cannellini graha, namočenog preko noći

1 šalica vode

½ šalice maslinovog ulja

1 oguljena mrkva, nasjeckana

1 stabljika celera, nasjeckana

1 ljutika narezana na četvrtine

4 češnja protisnutog češnjaka

2 grančice svježeg ružmarina

2 lista lovora

Sol i crni papar po ukusu

Upute

Pripremite vodenu kupelj i stavite Sous Vide u nju. Postavite na 192 F.

Procijedite i operite mahune te zajedno s preostalim sastojcima stavite u vakumiranu vrećicu. Ispustite zrak metodom istiskivanja vode, zatvorite i uronite vrećicu u vodenu kupelj. Kuhajte 3 sata.

Nakon što se tajmer zaustavi, uklonite vrećicu i istresite konzistenciju. Ako želite još omekšati kuhajte još 1 sat. Kad je gotovo prebacite u zdjelu.

Glazirana kisela mrkva

Vrijeme pripreme + kuhanja: 1 sat 45 minuta | Porcije: 1)

Sastojci

1 šalica bijelog vinskog octa

½ šalice šećera od repe

Posolite po ukusu

1 žličica crnog papra u zrnu

1/3 šalice ledeno hladne vode

10 mrkvi, oguljenih

4 grančice svježe kadulje

2 oguljena češnja češnjaka

Upute

Pripremite vodenu kupelj i stavite Sous Vide u nju. Postavite na 192 F.

Zagrijte lonac na srednje jakoj vatri i ulijte ocat, sol, šećer i papar u zrnu. Dobro promiješajte dok ne provrije i dok se šećer ne otopi. Maknite s vatre i prelijte hladnom vodom. Ostavite da se ohladi.

Stavite kadulju, mrkvu, češnjak i smjesu u vrećicu koja se može vakuumirati. Ispustite zrak metodom istiskivanja vode, zatvorite i uronite vrećicu u vodenu kupelj. Kuhajte 90 minuta.

Nakon što se tajmer zaustavi, uklonite vrećicu i premjestite je u kupku s ledenom vodom. Tanjur i poslužite.

Prekrasan tofu sa Sriracha umakom

Vrijeme pripreme + kuhanja: 1 sat i 10 minuta | Porcije: 10)

Sastojci

1 šalica juhe od povrća

2 žlice paste od rajčice

1 žlica naribanog đumbira

1 žlica mljevenog muškatnog oraščića

1 žlica rižinog vina

1 žlica rižinog vinskog octa

1 žlica nektara agave

2 žličice Sriracha umaka

3 mljevena češnja češnjaka

2 kutije tofua narezanog na kocke

Upute

Pripremite vodenu kupelj i stavite Sous Vide u nju. Postavite na 186 F.

Dobro sjediniti sve sastojke osim tofua. Stavite tofu sa smjesom u vrećicu koja se može vakumirati. Ispustite zrak metodom istiskivanja vode, zatvorite i uronite vrećicu u vodenu kupelj.

Kuhajte 60 minuta. Nakon što se tajmer zaustavi, izvadite vrećicu i prebacite je u zdjelu.

Salata od rikule i cikle bez sira

Vrijeme pripreme + kuhanja: 1 sat i 10 minuta | Porcije: 4

Sastojci

1 funta cikle, nasjeckane

Posolite po ukusu

½ šalice mlade rikule

¼ funte krem sira

2 mandarine, narezane na kriške

¼ šalice nasjeckanih badema

Upute

Pripremite vodenu kupelj i stavite Sous Vide u nju. Postavite na 182 F.

Ciklu posolite. Stavite ih u vakuumsku vrećicu sa sokom od naranče. Ispustite zrak metodom istiskivanja vode, zatvorite i uronite vrećicu u vodenu kupelj. Kuhajte 60 minuta.

Nakon što se tajmer zaustavi, izvadite ciklu i bacite sok. Prebacite na tanjure za posluživanje i ukrasite krem sirom, kriškama mandarine, rikulom i bademima.

Umak od snježnog graha od češnjaka

Vrijeme pripreme + kuhanja: 1 sat 50 minuta | Porcije: 4

Sastojci

4 šalice prepolovljenog graha

3 mljevena češnja češnjaka

2 žličice rižinog vinskog octa

1½ žlice pripremljenog umaka od crnog graha

1 žlica maslinovog ulja

Pravci

Pripremite vodenu kupelj i stavite Sous Vide u nju. Postavite na 172 F. Dobro pomiješajte sve sastojke sa snježnim grahom i stavite ih u vrećicu koja se može vakuumski zatvoriti. Ispustite zrak metodom istiskivanja vode, zatvorite i uronite vrećicu u vodenu kupelj. Kuhajte 1 sat i 30 minuta. Nakon što se tajmer zaustavi, izvadite vrećicu i poslužite toplo.

Začinjeni crni grah

Vrijeme pripreme + kuhanja: 6 sati 15 minuta | Porcije: 6

Sastojci

1 šalica suhog crnog graha

3 šalice vode

1/3 šalice soka od limuna

2 žlice limunove korice

Posolite po ukusu

1 žličica kumina

½ žličice chipotle čilija u prahu

Upute

Pripremite vodenu kupelj i u nju stavite Sous Vide. Postavite na 193 F. Stavite sve sastojke u vrećicu koja se može vakuumski zatvoriti. Ispustite zrak metodom istiskivanja vode, zatvorite i uronite vrećicu u vodenu kupelj. Kuhajte 6 sati. Nakon što se tajmer zaustavi, izvadite vrećicu i prebacite u vruću tavu na srednjoj vatri i kuhajte dok se ne reducira. Maknite s vatre i poslužite.

Začinske balzamične gljive s češnjakom

Vrijeme pripreme + kuhanja: 1 sat i 15 minuta | Porcije: 4

Sastojci

1 funta Portobello gljiva, narezanih na ploške
1 žlica maslinovog ulja
1 žlica jabučnog balzamičnog octa
1 mljeveni češanj češnjaka
Posolite po ukusu
1 žličica crnog papra
1 žličica mljevenog svježeg timijana

Upute

Pripremite vodenu kupelj i stavite Sous Vide u nju. Postavite na 138 F.

Pomiješajte sve sastojke i stavite ih u vrećicu koja se može vakuumirati. Ispustite zrak metodom istiskivanja vode, zatvorite i uronite vrećicu u vodenu kupelj. Kuhajte 60 minuta. Nakon što se tajmer zaustavi, izvadite vrećicu i prebacite je u zdjelu za posluživanje.

Hrskavi pire od krumpira s češnjakom

Vrijeme pripreme + kuhanja: 1 sat 20 minuta | Porcije: 2

Sastojci

1 funta slatkog krumpira
5 češnjeva protisnutog češnjaka
2 žlice maslinovog ulja
Posolite po ukusu
1 žličica nasjeckanog ružmarina

Upute

Pripremite vodenu kupelj i stavite Sous Vide u nju. Postavite na 192 F. Pomiješajte sve sastojke i stavite u vrećicu koja se može vakuumski zatvoriti. Ispustite zrak metodom istiskivanja vode, zatvorite i uronite vrećicu u vodenu kupelj. Kuhajte 1 sat.

Nakon što se tajmer zaustavi, izvadite krumpire i premjestite ih u lim za pečenje obložen folijom. Krompir narežite na kolutiće i poprskajte uljem od češnjaka. Pecite 10 minuta u pećnici na 380 F. Ukrasite ružmarinom.

Mješavina korjenastog povrća

Vrijeme pripreme + kuhanja: 3 sata 15 minuta | Porcije: 4

Sastojci

1 repa, nasjeckana

1 rutabaga, nasjeckana

8 mrkvi, nasjeckanih

1 pastrnjak, nasjeckan

½ slatkog luka, nasjeckanog

4 češnja češnjaka, mljevena

4 grančice svježeg ružmarina

2 žlice maslinovog ulja

Sol i crni papar po ukusu

2 žlice veganskog maslaca

Upute

Pripremite vodenu kupelj i stavite Sous Vide u nju. Postavite na 186 F.

Stavite povrće i ružmarin u vrećicu koja se može vakuumirati. Dodajte 1 žlicu ulja i začinite solju i paprom. Ispustite zrak metodom istiskivanja vode, zatvorite i uronite vrećicu u vodenu kupelj. Kuhajte 3 sata. Zagrijte lonac na jakoj vatri.

Nakon što se tajmer zaustavi, uklonite vrećicu i prebacite sadržaj u lonac. Kuhajte 5 minuta dok se ne reducira. Dodajte povrće i dobro promiješajte. Nastavite kuhati 5 minuta. Poslužiti.

Tajlandsko jelo od bundeve

Vrijeme pripreme + kuhanja: 2 sata i 20 minuta | Porcije: 6

Sastojci

1 srednja bundeva
2 žlice veganskog maslaca
2 žlice tajlandske curry paste
Posolite po ukusu
Svježi cilantro za posluživanje
Kriške limete za posluživanje

Upute

Pripremite vodenu kupelj i stavite Sous Vide u nju. Postavite na 186 F.

Bundevu narežite na ploške i izvadite sjemenke. Rezervirajte sjeme. Stavite kriške bundeve, curry pastu, maslac i sol u vrećicu koja se može vakuumski zatvoriti. Ispustite zrak metodom istiskivanja vode, zatvorite i uronite vrećicu u vodenu kupelj. Kuhajte 90 minuta.

Nakon što se tajmer zaustavi, izvadite vrećicu i gnječite dok ne omekša. Po potrebi kuhajte još 40 minuta. Prebacite na tanjur za posluživanje i prelijte curry umakom. Ukrasite cilantrom i kriškama limete.

Ukiseljeni krastavci lonci

Vrijeme pripreme + kuhanja: 30 minuta | Porcije: 6

Sastojci

1 šalica bijelog vinskog octa

½ šalice šećera

Posolite po ukusu

1 žlica začina za kiseljenje

2 engleska krastavca narezana na ploške

½ tanko narezanog bijelog luka

3 žličice sjemena kopra

2 žličice crnog papra u zrnu

6 češnja češnjaka, oguljenih

Upute

Pripremite vodenu kupelj i stavite Sous Vide u nju. Postavite na 182 F.

Pomiješajte šećer, ocat, sol, začin za kiseljenje, sjemenke kopra, crni papar u zrnu, krastavac, luk i češnjak i stavite u vrećicu koja se može vakuumski zatvoriti. Ispustite zrak metodom istiskivanja vode, zatvorite i potopite u vodenu kupelj. Kuhajte 15 minuta. Kada je gotovo, prebacite u kupku s ledenom vodom. Poslužite u staklenkama.

Kokosova kaša od krumpira

Vrijeme pripreme + kuhanja: 45 minuta | Porcije: 4

Sastojci

1 ½ funte krumpira Yukon gold, narezanog na ploške
4 unce maslaca
8 oz kokosovog mlijeka
Sol i bijeli papar po ukusu

Upute

Pripremite vodenu kupelj i u nju stavite Sous Vide. Postavite na 193 F. Stavite krumpire, kokosovo mlijeko, maslac i sol u vrećicu koja se može vakuumski zatvoriti. Ispustite zrak metodom istiskivanja vode, zatvorite i uronite u kadu. Kuhajte 30 minuta. Kad je gotovo, izvadite vrećicu i ocijedite. Sačuvajte sokove od maslaca. Zgnječite krumpir dok ne omekša i prebacite ga u zdjelu s maslacem. Začinite paprom i poslužite.

Primamljivi kupus s maslacem

Vrijeme pripreme + kuhanja: 4 sata i 15 minuta | Porcije: 1)

Sastojci

1 glavica zelenog kupusa, narezana na kriške
2 žlice maslaca

Upute

Pripremite vodenu kupelj i stavite Sous Vide u nju. Postavite na 183 F. Stavite 1 žlicu maslaca i kupus u vrećicu koja se može vakuumski zatvoriti. Ispustite zrak metodom istiskivanja vode, zatvorite i potopite u vodenu kupelj. Kuhajte 4 sata. Kada je gotov, izvadite kupus i osušite ga. Otopite maslac u tavi na srednje jakoj vatri i pržite kupus 5-7 minuta dok ne porumeni.

Slatke Daikon rotkvice s ružmarinom

Vrijeme pripreme + kuhanja: 40 minuta | Porcije: 4

Sastojci

½ šalice soka od limuna

3 žlice šećera

1 žličica ružmarina

1 velika daikon rotkvica, narezana na ploške

Upute

Pripremite vodenu kupelj i stavite Sous Vide u nju. Postavite na 182 F. Pomiješajte limunov sok, ružmarin, sol i šećer. Stavite smjesu i daikon rotkvicu u vrećicu koja se može vakuumirati. Ispustite zrak metodom istiskivanja vode, zatvorite i uronite vrećicu u vodenu kupelj. Kuhajte 30 minuta. Nakon što se tajmer zaustavi, uklonite vrećicu i prebacite je u kupku s ledenom vodom. Poslužite u tanjuru.

Kupus luk s grožđicama

Vrijeme pripreme + kuhanja: 2 sata i 15 minuta | Porcije: 4

Sastojci

1 ½ funte crvenog kupusa, narezanog na ploške
¼ šalice grožđica
2 narezana ljutika
3 narezana češnja češnjaka
1 žlica jabučnog balzamičnog octa
1 žlica maslaca

Upute

Pripremite vodenu kupelj i u nju stavite Sous Vide. Postavite na 186 F. Stavite kupus u vrećicu koja se može vakuumski zatvoriti. Dodajte preostale sastojke. Ispustite zrak metodom istiskivanja vode, zatvorite i uronite vrećicu u vodenu kupelj. Kuhajte 2 sata. Nakon što se tajmer zaustavi, izvadite vrećice i prebacite ih u zdjelice za posluživanje. Začinite solju i octom. Prelijte sokom od kuhanja.

Miješani grah u umaku od rajčice

Vrijeme pripreme + kuhanja: 3 sata 10 minuta | Porcije: 4

Sastojci

1 funta obrezanih zelenih mahuna

1 funta očišćenog graha

1 (14-oz) konzerva cijelih zdrobljenih rajčica

1 tanko narezan luk

3 narezana češnja češnjaka

3 žlice maslinovog ulja

Upute

Pripremite vodenu kupelj i u nju stavite Sous Vide. Postavite na 183 F. Stavite rajčice, snijeg i zelene mahune, češnjak i luk u vrećicu koja se može vakuumski zatvoriti. Ispustite zrak metodom istiskivanja vode, zatvorite i potopite u vodenu kupelj. Kuhajte 3 sata. Kad je gotovo, prebacite u zdjelu. Pospite maslinovim uljem.

Čili Garbanzo varivo od graha

Vrijeme pripreme + kuhanja: 3 sata 10 minuta | Porcije: 4

Sastojci

1 šalica garbanzo graha, namočenog preko noći

3 šalice vode

1 žlica maslinovog ulja

Posolite po ukusu

½ žličice mljevenog kumina

½ žličice mljevenog korijandera

¼ žličice mljevenog cimeta

1/8 žličice mljevenog klinčića

1/8 žličice kajenskog papra

Nasjeckani svježi cilantro

Harissa umak, po ukusu

Upute

Pripremite vodenu kupelj i stavite Sous Vide u nju. Postavite na 192 F.

Stavite grah u vrećicu koja se može vakuumski zatvoriti s kuminom, soli, maslinovim uljem, klinčićima, cimetom, cilantrom i kajenskom paprikom. Ispustite zrak metodom istiskivanja vode, zatvorite i potopite u vodenu kupelj. Kuhajte 3 sata. Kad je gotovo, izvadite vrećicu i ocijedite grah. Odbacite sok od kuhanja. Posolite. Pomiješajte maslinovo ulje i harissa umak i prelijte preko graha. Ukrasite cilantrom.

Créme Brulée od svježeg voća

Vrijeme pripreme + kuhanja: 65 minuta + 5 sati vrijeme hlađenja | Porcije: 6

Sastojci

1 šalica svježih kupina

6 žumanjaka

1⅓ šalice šećera + još za posipanje

3 šalice gustog vrhnja

Korica 2 naranče

4 žlice soka od naranče

1 žličica ekstrakta vanilije

Upute

Pripremite vodenu kupelj i stavite Sous Vide u nju. Postavite na 196 F.

U blenderu miksajte žumanjke i šećer dok ne postanu kremaste. Staviti na stranu

Zagrijte lonac na srednjoj vatri i ulijte vrhnje. Dodajte koricu i sok naranče i ekstrakt vanilije. Smanjite vatru i kuhajte 4-5 minuta. Stavite kupine u šest staklenki, prelijte kupine smjesom od jaja i vrhnja. Zatvorite poklopcem i potopite staklenke u vodenu kupelj. Kuhajte 45 minuta.

Nakon što se tajmer zaustavi, izvadite staklenke i prebacite ih u hladnjak te ostavite da se ohlade 5 sati. Maknite poklopac i pospite šećerom. Puhaljkom karamelizirajte šećer.

Puding od bobica vanilije

Vrijeme pripreme + kuhanja: 2 sata 32 minute | Porcije: 6

Sastojci

1 šalica miješanog svježeg bobičastog voća

4 kriške hale, narezane na kockice

6 žumanjaka

1⅛ šalice super finog šećera

2 šalice gustog vrhnja

1 šalica mlijeka

2 žličice ekstrakta badema

1 mahuna vanilije prepolovljena, sjemenke sačuvane

Upute

Pripremite vodenu kupelj i stavite Sous Vide u nju. Postavite na 172 F.

Zagrijte pećnicu na 350 F. Stavite kockice kruha u lim za pečenje i tostirajte 5 minuta. Staviti na stranu. Električnom miješalicom izmiksajte žumanjke i šećer u kremastu smjesu.

Zagrijte lonac na srednjoj vatri i ulijte vrhnje i mlijeko. Kuhajte dok ne prokuha. Dodajte ekstrakt badema, sjemenke mahune vanilije i mahunu vanilije. Smanjite vatru i kuhajte 4-5 minuta. Ostavite sa strane i ostavite da se ohladi 2-3 minute.

Nakon što se smjesa od vanilije ohladi, malo vrhnja ulijte u smjesu od jaja i sjedinite. Ponovite postupak sa svakim jajetom.

Pomiješajte kockice kruha sa smjesom od jaja i vrhnja i ostavite da kruh upije tekućinu. Dodajte bobičasto voće i dobro sjedinite. Podijelite smjesu u šest staklenki. Zatvorite poklopcem i potopite staklenke u vodenu kupelj. Kuhajte 2 sata.

Mocha Mini Brownies u staklenci

Vrijeme pripreme + kuhanja: 3 sata 17 minuta | Porcije: 10

Sastojci

⅔ šalice bijele čokolade, nasjeckane

8 žlica maslaca

⅔ šalice najfinijeg šećera

2 žumanjka

1 jaje

2 žlice instant kave u prahu

1 žlica ekstrakta kokosa

1 žlica likera od kave

½ šalice višenamjenskog brašna

Sladoled, za posluživanje

Upute

Pripremite vodenu kupelj i u nju stavite Sous Vide. Postavite na 196 F. Zagrijte čokoladu i maslac u loncu ili u mikrovalnoj pećnici. Umiješajte šećer u smjesu čokolade i maslaca dok se ne otopi. Ulijte jedan po jedan žumanjak i dobro promiješajte. Dodajte cijelo jaje i nastavite miksati. Ulijte kavu u prahu, ekstrakt kokosa i liker od kave. Dodajte brašno i miješajte dok se dobro ne sjedini.

Ulijte čokoladnu smjesu u 10 malih staklenki. Zatvorite poklopcem i potopite staklenke u vodenu kupelj, Kuhajte 3 sata. Nakon što se tajmer zaustavi, izvadite staklenke i ostavite da se ohlade 1 minutu.

Jednostavna krema od banane

Vrijeme pripreme + kuhanja: 60 minuta | Porcije: 6

Sastojci

3 banane, zgnječene

12 žumanjaka

1 šalica super finog šećera

3 šalice gustog vrhnja

1 žličica ekstrakta vanilije

1 žličica ekstrakta metvice

Upute

Pripremite vodenu kupelj i stavite Sous Vide u nju. Postavite na 196 F.

Električnom miješalicom izmiješajte žumanjke i šećer. Miksajte 1-2 minute dok ne postane kremasto. Zagrijte vrhnje u loncu na srednjoj vatri i dodajte vaniliju i metvicu. Kuhajte na laganoj vatri 3-4 minute. Ostavite sa strane i ostavite da se ohladi 2-3 minute.

Nakon što se smjesa ohladi, ulijte smjesu vrhnja u smjesu od jaja i promiješajte. Dodajte zgnječene banane i promiješajte da se sjedini. Ulijte smjesu u 6 malih staklenki. Zatvorite i potopite u vodenu kupelj, kuhajte 45 minuta. Nakon što se tajmer zaustavi, izvadite staklenke i ostavite da se ohlade 5 minuta.

Dulce de Leche kolač od sira

Vrijeme pripreme + kuhanja: 5 sati 55 minuta + 4 sata | Porcije: 6

Sastojci

2 šalice mascarponea, na sobnoj temperaturi

3 jaja

1 žličica ekstrakta badema

1 šalica dulce de lechea

⅓ šalice gustog vrhnja

1 šalica mrvica graham krekera

3 žlice maslaca, otopljenog

½ žličice soli

Upute

Pripremite vodenu kupelj i stavite Sous Vide u nju. Postavite na 175 F.

Električnom miješalicom pomiješajte mascarpone, jaja i bademe u zdjeli dok smjesa ne postane glatka. Ulijte 3/4 šalice dulce de lechea i dobro promiješajte. Dodajte vrhnje i miješajte dok se potpuno ne sjedini. Staviti na stranu.

Pomiješajte mrvice graham krekera i otopljeni maslac. Podijelite smjesu mrvica u šest malih staklenki. Preko mrvica prelijte smjesu krem sira. Zatvorite poklopcem i potopite staklenke u vodenu kupelj, Kuhajte 1 sat i 30 minuta.

Nakon što se tajmer zaustavi, izvadite staklenke i prebacite ih u hladnjak te ostavite da se hlade 4 sata. Prelijte preostalim dulce de lecheom. Ukrasite posoljenom smjesom od karamele.

Med i citrusne marelice

Vrijeme pripreme + kuhanja: 70 minuta | Porcije: 4

Sastojci

6 marelica, bez koštica i na četvrtine

½ šalice meda

2 žlice vode

1 žlica soka limete

1 mahuna vanilije, prepolovljena

1 štapić cimeta

Upute

Pripremite vodenu kupelj i stavite Sous Vide u nju. Postavite na 179 F.

Stavite sve sastojke u vrećicu koja se može vakuumski zatvoriti. Ispustite zrak metodom istiskivanja vode, zatvorite i uronite vrećicu u vodenu kupelj. Kuhajte 45 minuta. Nakon što se tajmer zaustavi, uklonite vrećicu i bacite mahunu vanilije i štapić cimeta. Poslužite odmah.

Orange Pots du Créme s čokoladom

Vrijeme pripreme + kuhanja: 65 minuta + 5 sati | Porcije: 6

Sastojci

⅔ šalice nasjeckane čokolade

6 žumanjaka

1⅓ šalice finog bijelog šećera

3 šalice pola-pola

1 žličica ekstrakta vanilije

Korica 1 velike naranče

⅛ žličice ekstrakta naranče

2 žlice soka od naranče

2 žlice likera s okusom čokolade

Upute

Pripremite vodenu kupelj i stavite Sous Vide u nju. Postavite na 196 F.

Električnom miješalicom izmiješajte žumanjke i šećer. Miksajte 1-2 minute dok ne postane kremasto. Zagrijte vrhnje u loncu na srednjoj vatri i dodajte vaniliju, narančinu koricu i ekstrakt. Kuhajte na laganoj vatri 3-4 minute. Ostavite sa strane i ostavite da se ohladi 2-3 minute.

Otopite čokoladu u mikrovalnoj. Nakon što se smjesa ohladi, ulijte smjesu vrhnja u smjesu od jaja i promiješajte. Dodajte otopljenu čokoladu i miješajte dok se ne sjedini. Dodajte sok od naranče i čokoladni liker. Ulijte čokoladnu smjesu u staklenke. Zatvorite poklopcem i potopite staklenke u vodenu kupelj, Kuhajte 45 minuta. Nakon što se tajmer zaustavi, izvadite staklenke i ostavite da se ohlade 5 minuta.

Limun-Kadulja Marelice

Vrijeme pripreme + kuhanja: 70 minuta | Porcije: 4

Sastojci

½ šalice meda

8 marelica, bez koštica i na četvrtine

2 žlice vode

1 žlica limunovog soka

3 grančice svježe kadulje

1 grančica svježeg peršina

Upute

Pripremite vodenu kupelj i stavite Sous Vide u nju. Postavite na 179 F. Stavite sve sastojke u vrećicu koja se može vakuumski zatvoriti. Ispustite zrak metodom istiskivanja vode, zatvorite i uronite vrećicu u vodenu kupelj. Kuhajte 45 minuta. Nakon što se tajmer zaustavi, uklonite vrećicu i bacite izvore bilja.

Puding od čokolade

Vrijeme pripreme + kuhanja: 55 minuta | Porcije: 4

Sastojci:

½ šalice mlijeka
1 šalica komadića čokolade
3 žumanjka
½ šalice gustog vrhnja
4 žlice kakaa u prahu
3 žlice šećera

Upute:

Pripremite vodenu kupelj i stavite Sous Vide u nju. Postavite na 185 F.

Žumanjke pjenasto izmiksajte sa šećerom, mlijekom i gustim vrhnjem. Umiješajte kakao prah i komadiće čokolade. Smjesu podijelite u 4 staklenke. Zatvorite i uronite staklenke u vodenu kupelj. Postavite tajmer na 40 minuta. Nakon što se tajmer zaustavi, izvadite staklenke. Neka se ohladi prije posluživanja.

Pita od jabuka

Vrijeme pripreme + kuhanja: 85 minuta | Porcije: 8

Sastojci:

1 funta jabuka, ogulite i narežite na kockice

6 unci lisnatog tijesta

1 žumanjak, umućen

4 žlice šećera

2 žlice soka od limuna

1 žlica kukuruznog škroba

1 žličica mljevenog đumbira

2 žlice maslaca, otopljenog

¼ žličice muškatnog oraščića

¼ žličice cimeta

Upute:

Zagrijte pećnicu na 365 F. Razvaljajte tijesto u krug. Premažite maslacem i stavite u pećnicu. Kuhajte 15 minuta.

Pripremite vodenu kupelj i u nju stavite Sous Vide. Postavite na 160 F. Pomiješajte sve preostale sastojke u vrećici koja se može vakuumski zatvoriti. Ispustite zrak metodom istiskivanja vode, zatvorite i potopite u vodenu kupelj. Kuhajte 45 minuta. Nakon što se tajmer zaustavi, uklonite vrećicu. Kuhanu koru za pitu prelijte smjesom od jabuka. Vratite u pećnicu i pecite još 15 minuta.

Čokoladni kolačići bez šećera

Vrijeme pripreme + kuhanja: 3 sata 45 minuta | Porcije: 6

Sastojci:

1/3 šalice komadića čokolade

7 žlica gustog vrhnja

2 jaja

½ šalice brašna

½ žličice sode bikarbone

4 žlice maslaca, otopljenog

¼ žličice soli

1 žlica limunovog soka

Upute:

Pripremite vodenu kupelj i stavite Sous Vide u nju. Postavite na 194 F. Istucite jaja zajedno s vrhnjem, limunovim sokom, soli i sodom bikarbonom. Umiješajte brašno i maslac. Ubacite komadiće čokolade.

Podijelite tijesto na 6 ramkina. Dobro ih omotajte plastičnom folijom i stavite ramekine u vodenu kupelj. Kuhajte 3 sata i 30 minuta. Nakon što se tajmer zaustavi, uklonite ramekine.

Sladoled od vanilije

Vrijeme pripreme + kuhanja: 5 sati 10 minuta | Porcije: 4

Sastojci:

6 žumanjaka
½ šalice šećera
1 ½ žličice ekstrakta vanilije
2 šalice pola-pola

Upute:

Pripremite vodenu kupelj i stavite Sous Vide u nju. Postavite na 180 F. Umutite sve sastojke u vrećicu koja se može vakuumski zatvoriti. Ispustite zrak metodom istiskivanja vode, zatvorite i uronite vrećicu u vodenu kupelj. Postavite mjerač vremena na 1 sat. Nakon što se tajmer zaustavi, provjerite da nema grudica. Smjesu prebacite u posudu s poklopcem. Stavite u zamrzivač na 4 sata.

Lagani puding za doručak od svježeg sira

Vrijeme pripreme + kuhanja: 3 sata 15 minuta | Porcije: 3

Sastojci:

1 šalica svježeg sira

5 jaja

1 šalica mlijeka

3 žlice kiselog vrhnja

4 žlice šećera

1 žličica kardamoma

1 žličica narančine korice

1 žlica kukuruznog škroba

¼ žličice soli

Upute:

Pripremite vodenu kupelj i u nju stavite Sous Vide. Postavite na 175 F. Električnom miješalicom umutite jaja i šećer. Dodajte koricu, mlijeko i kukuruzni škrob. Dodajte preostale sastojke i dobro umutite.

Namažite 3 staklenke sprejom za kuhanje i podijelite smjesu između njih. Zatvorite i uronite staklenke u vodenu kupelj, kuhajte

3 sata. Nakon što se tajmer zaustavi, izvadite staklenke. Neka se ohladi prije posluživanja.

Sous Vide čokoladni kolačići

Vrijeme pripreme + kuhanja: 3 sata 15 minuta | Porcije: 6

Sastojci:

5 žlica maslaca, otopljenog

1 jaje

3 žlice kakaa u prahu

1 šalica brašna

4 žlice šećera

½ šalice gustog vrhnja

1 žličica sode bikarbone

1 žličica ekstrakta vanilije

1 žličica jabučnog octa

Prstohvat morske soli

Upute:

Pripremite vodenu kupelj i stavite Sous Vide u nju. Postavite na 194 F. Pomiješajte mokre sastojke u jednoj posudi. Pomiješajte suhe sastojke u drugoj posudi. Lagano sjedinite dvije smjese i podijelite tijesto u 6 malih staklenki. Zatvorite staklenke i uronite vrećicu u vodenu kupelj. Postavite mjerač vremena na 3 sata. Nakon što se mjerač vremena zaustavi, uklonite vrećicu. Poslužite ohlađeno.

Puding od riže s rumom i brusnicama

Vrijeme pripreme + kuhanja: 2 sata i 15 minuta | Porcije: 6

Sastojci:

2 šalice riže

3 šalice mlijeka

½ šalice suhih brusnica namočenih u ½ šalice ruma preko noći i ocijeđenih

1 žličica cimeta

½ šalice smeđeg šećera

Upute:

Pripremite vodenu kupelj i stavite Sous Vide u nju. Postavite na 140 F.

Pomiješajte sve sastojke u zdjeli i prebacite u 6 malih staklenki. Zatvorite ih i potopite u vodenu kupelj. Postavite tajmer na 2 sata. Nakon što se tajmer zaustavi, izvadite staklenke. Poslužite toplo ili ohlađeno.

Puding od kruha

Vrijeme pripreme + kuhanja: 2 sata i 15 minuta | Porcije: 8

Sastojci:

1 šalica mlijeka

1 šalica gustog vrhnja

10 unci bijelog kruha

4 jaja

2 žlice maslaca, otopljenog

1 žlica brašna

1 žlica kukuruznog škroba

4 žlice šećera

1 žličica ekstrakta vanilije

¼ žličice soli

Upute:

Pripremite vodenu kupelj i stavite Sous Vide u nju. Postavite na 170 F. Nasjeckajte kruh na male komadiće i stavite u vrećicu koja se može vakuumski zatvoriti. Umutite jaja zajedno s preostalim sastojcima. Smjesu preliti preko kruha. Ispustite zrak metodom istiskivanja vode, zatvorite i uronite vrećicu u vodenu kupelj. Postavite mjerač vremena na 2 sata. Nakon što se tajmer zaustavi, uklonite vrećicu. Poslužite toplo.

Lemon Curd

Vrijeme pripreme + kuhanja: 75 minuta | Porcije: 8

Sastojci:

1 šalica maslaca
1 šalica šećera
12 žumanjaka
5 limuna

Upute:

Pripremite vodenu kupelj i stavite Sous Vide u nju. Postavite na 168 F.

Naribajte koricu limuna i stavite u zdjelu. Iscijedite sok i također dodajte u posudu. Žumanjke i šećer pjenasto izmiksajte i prebacite u vrećicu koja se može vakumirati. Ispustite zrak metodom istiskivanja vode, zatvorite i uronite vrećicu u vodenu kupelj. Postavite mjerač vremena na 1 sat.

Nakon što se tajmer zaustavi, uklonite vrećicu i prebacite kuhani lemon curd u zdjelu i stavite u ledenu kupelj. Neka se potpuno ohladi.

Crème Brulee

Vrijeme pripreme + kuhanja: 45 minuta | Porcije: 4

Sastojci:

2 šalice gustog vrhnja
4 žumanjka
¼ šalice šećera
1 žličica ekstrakta vanilije

Upute:

Pripremite vodenu kupelj i stavite Sous Vide u nju. Postavite na 180 F. Umutite sve sastojke i prebacite u 4 plitke staklenke. Zatvorite i uronite u vodenu kupelj. Kuhajte 30 minuta.

Nakon što se tajmer zaustavi, izvadite plitke staklenke i posipajte malo šećera na brulee. Stavite pod brojler dok se ne karameliziraju.

Mafini s limunom

Vrijeme pripreme + kuhanja: 3 sata 45 minuta | Porcije: 6

Sastojci:

2 jaja
1 šalica brašna
4 žlice šećera
1 žlica limunovog soka
1 žlica limunove korice
1/3 šalice gustog vrhnja
2 jaja
1 žličica sode bikarbone
½ šalice maslaca

Upute:

Pripremite vodenu kupelj i stavite Sous Vide u nju. Postavite na 190 F. Istucite jaja i šećer dok ne postanu kremasta. Postupno umiješajte preostale sastojke. Podijelite tijesto u 6 staklenki. Zatvorite staklenke i uronite vrećicu u vodenu kupelj. Postavite mjerač vremena na 3 sata i 30 minuta.

Nakon što se tajmer zaustavi, izvadite staklenke. Neka se ohladi prije posluživanja.

Mousse od malina

Vrijeme pripreme + kuhanja: 75 minuta | Porcije: 6

Sastojci:

1 šalica malina

1 šalica mlijeka

1 šalica krem sira

2 žlice kukuruznog škroba

½ šalice šećera

1 žlica brašna

1 žličica mljevenog đumbira

1 žlica kakaa u prahu

Prstohvat morske soli

Upute:

Pripremite vodenu kupelj i stavite Sous Vide u nju. Postavite na 170 F. Stavite sve sastojke u blender. Miješajte dok ne postane glatko i prebacite u 6 malih staklenki. Zatvorite staklenke i uronite vrećicu u vodenu kupelj. Postavite mjerač vremena na 1 sat. Nakon što se tajmer zaustavi, izvadite staklenke. Poslužite ohlađeno.

Slatke jabuke punjene grožđicama

Vrijeme pripreme + kuhanja: 2 sata i 15 minuta | Porcije: 4

Sastojci:

4 male jabuke, oguljene i bez koštice
1 ½ žlica grožđica
4 žlice maslaca, omekšalog
¼ žličice muškatnog oraščića
½ žličice cimeta
1 žlica šećera

Upute:

Pripremite vodenu kupelj i stavite Sous Vide u nju. Postavite na 170 F.

Pomiješajte grožđice, šećer, maslac, cimet i muškatni oraščić. Nadjenite jabuke smjesom od grožđica. Podijelite jabuke u 2 vrećice koje se mogu vakuumski zatvoriti. Ispustite zrak metodom istiskivanja vode, zatvorite i uronite vrećice u vodenu kupelj. Postavite mjerač vremena na 2 sata.

Nakon što se tajmer zaustavi, uklonite vrećice. Poslužite toplo.

Jabučni postolar

Vrijeme pripreme + kuhanja: 3 sata 50 minuta | Porcije: 6

Sastojci:

1 šalica mlijeka

2 zelene jabuke, oguljene i narezane na kockice

1 žličica maslaca

7 žlica brašna

4 žlice smeđeg šećera

1 žličica mljevenog kardamoma

Upute:

Pripremite vodenu kupelj i stavite Sous Vide u nju. Postavite na 190 F.

Pjenasto izmiješajte maslac, šećer, mlijeko i kardamom. Postupno umiješajte brašno. Ubacite jabuke i podijelite smjesu u 6 malih staklenki. Zatvorite staklenke i potopite vrećicu u vodenu kupelj. Postavite mjerač vremena na 3 sata i 30 minuta. Nakon što se tajmer zaustavi, uklonite vrećicu. Poslužite toplo.

Mini staklenke za kolač od sira od jagoda

Vrijeme pripreme + kuhanja: 90 minuta | Porcije: 4

Sastojci:

4 jaja

2 žlice mlijeka

3 žlice džema od jagoda

½ šalice šećera

½ šalice krem sira

½ šalice svježeg sira

1 žlica brašna

1 žličica limunove korice

Upute:

Pripremite vodenu kupelj i stavite Sous Vide u nju. Postavite na 180 F.

Pjenasto izmiješajte sireve i šećer dok ne postane pjenasto. Umutiti jedno po jedno jaje. Dodajte preostale sastojke i miješajte dok se dobro ne sjedine. Podijelite u 4 staklenke. Zatvorite staklenke i uronite vrećicu u vodenu kupelj. Postavite mjerač vremena na 75 minuta. Nakon što se tajmer zaustavi, uklonite vrećicu. Ohladite i poslužite.

Kruške poširane vinom i cimetom

Vrijeme pripreme + kuhanja: 80 minuta | Porcije: 4

Sastojci:

4 kruške, oguljene

2 štapića cimeta

2 šalice crnog vina

1/3 šalice šećera

3 zvjezdice anisa

Upute:

Pripremite vodenu kupelj i stavite Sous Vide u nju. Postavite na 175 F.

Pomiješajte vino, anis, šećer i cimet u velikoj vrećici koja se može vakuumirati. Stavite kruške unutra. Ispustite zrak metodom istiskivanja vode, zatvorite i uronite vrećicu u vodenu kupelj. Postavite mjerač vremena na 1 sat. Nakon što se tajmer zaustavi, uklonite vrećicu. Poslužite kruške prelivene vinskim umakom.

Zobena kaša od kokosa i badema

Vrijeme pripreme + kuhanja: 12 sati 10 minuta | Porcije: 4

Sastojci:

2 šalice zobenih pahuljica

2 šalice bademovog mlijeka

3 žlice naribanog kokosa

3 žlice badema u listićima

3 žlice ekstrakta stevije

1 žlica maslaca

¼ žličice mljevenog anisa

Prstohvat morske soli

Upute:

Pripremite vodenu kupelj i stavite Sous Vide u nju. Postavite na 180 F. Pomiješajte sve sastojke u vrećici koja se može vakuumski zatvoriti.

Ispustite zrak metodom istiskivanja vode, zatvorite i uronite vrećicu u vodenu kupelj. Postavite mjerač vremena na 12 sati. Nakon što se tajmer zaustavi, izvadite vrećicu i podijelite u 4 zdjelice za posluživanje.

Banana heljdina kaša

Vrijeme pripreme + kuhanja: 12 sati 15 minuta | Porcije: 4

Sastojci:

2 šalice heljde

1 banana, zgnječena

½ šalice kondenziranog mlijeka

1 žlica maslaca

1 žličica ekstrakta vanilije

1 ½ šalice vode

¼ žličice soli

Upute:

Pripremite vodenu kupelj i stavite Sous Vide u nju. Postavite na 180 F.

Stavite heljdu u vrećicu koja se može vakuumirati. Preostale sastojke umutiti u posudi. Ovom mješavinom prelijte heljdu. Ispustite zrak metodom istiskivanja vode, zatvorite i uronite vrećicu u vodenu kupelj. Postavite mjerač vremena na 12 sati.

Nakon što se tajmer zaustavi, uklonite vrećicu. Poslužite toplo.

Osnovna zobena kaša od nule

Vrijeme pripreme + kuhanja: 8 sati 10 minuta | Porcije: 4

Sastojci:

1 šalica zobi

3 šalice vode

½ žličice ekstrakta vanilije

Prstohvat morske soli

Upute:

Pripremite vodenu kupelj i stavite Sous Vide u nju. Postavite na 155 F. Pomiješajte sve sastojke u vrećici koja se može vakuumski zatvoriti. Ispustite zrak metodom istiskivanja vode, zatvorite i uronite vrećicu u vodenu kupelj. Postavite mjerač vremena na 8 sati.

Nakon što se tajmer zaustavi, uklonite vrećicu. Poslužite toplo.

Mini kolačići od sira

Vrijeme pripreme + kuhanja: 45 minuta | Porcije: 3

Sastojci:

3 jaja
5 žlica svježeg sira
½ šalice krem sira
4 žlice šećera
½ žličice ekstrakta vanilije

Upute:

Pripremite vodenu kupelj i stavite Sous Vide u nju. Postavite na 175 F.

Stavite sve sastojke u zdjelu za miješanje. Mutite električnom miješalicom nekoliko minuta dok ne postane mekana i glatka. Podijelite smjesu u 3 staklenke. Zatvorite staklenke i uronite vrećicu u vodenu kupelj. Postavite mjerač vremena na 25 minuta.

Nakon što se tajmer zaustavi, izvadite staklenke. Ohladite do posluživanja.

Kruh s maslacem od kave

Vrijeme pripreme + kuhanja: 3 sata 15 minuta | Porcije: 4

Sastojci:

6 unci bijelog kruha

¾ šalice maslaca

6 žlica kave

½ žličice cimeta

1 žličica smeđeg šećera

Upute:

Pripremite vodenu kupelj i stavite Sous Vide u nju. Postavite na 195 F.

Narežite kruh na trakice i stavite u vrećicu koja se može vakuumirati. Ostale sastojke umutiti u posudi i smjesu preliti preko kruha. Ispustite zrak metodom istiskivanja vode, zatvorite i uronite vrećicu u vodenu kupelj. Postavite mjerač vremena na 3 sata.

Nakon što se tajmer zaustavi, uklonite vrećicu. Poslužite toplo.

Muffini od mrkve

Vrijeme pripreme + kuhanja: 3 sata 15 minuta | Porcije: 10)

Sastojci:

1 šalica brašna

3 jaja

½ šalice maslaca

¼ šalice gustog vrhnja

2 mrkve, naribane

1 žličica soka od limuna

1 žlica kokosovog brašna

¼ žličice soli

½ žličice sode bikarbone

Upute:

Pripremite vodenu kupelj i stavite Sous Vide u nju. Postavite na 195 F.

Mokre sastojke umutiti u jednoj zdjeli, a suhe pomiješati u drugoj. Lagano pomiješajte dvije smjese. Podijelite smjesu u 5 staklenki (ne punite više od pola. Koristite više staklenki ako je potrebno). Zatvorite staklenke i potopite ih u vodenu kupelj. Postavite tajmer na 3 sata. Nakon što se tajmer zaustavi, izvadite staklenke. Narežite na polovice i poslužite.

Rum Trešnje

Vrijeme pripreme + kuhanja: 45 minuta | Porcije: 6

Sastojci:

3 šalice trešanja bez koštica

¼ šalice šećera

1 šalica ruma

2 žličice smjese od višanja

1 žličica agara

1 žličica korice limete

Upute:

Stavite sve sastojke u vrećicu koja se može vakuumski zatvoriti. Protresite da se dobro sjedini. Pripremite vodu tako da je prethodno zagrijete na 142 F. Podijelite u 6 čaša za posluživanje.

Jogurt od breskve i badema

Vrijeme pripreme + kuhanja: 11 sati 20 minuta | Porcije: 4

Sastojci:

2 šalice punomasnog mlijeka

4 unce mljevenih badema

2 žlice jogurta

¼ šalice pasiranih oguljenih breskvi

¼ žličice vanilin šećera

1 žlica meda

Upute:

Pripremite vodenu kupelj i stavite Sous Vide u nju. Postavite na 110 F. Zagrijte mlijeko u loncu dok temperatura ne dosegne 142 F. Neka se kuha na 110 F.

Jogurt, med, breskve i šećer promiješajte. Smjesu podijelite u 4 staklenke. Staklenke zatvorite i stavite u vodenu kupelj. Kuhajte 11 sati. Nakon što se tajmer zaustavi, uklonite staklenke. Umiješajte bademe i poslužite.

Pita od nektarina od badema

Vrijeme pripreme + kuhanja: 3 sata 20 minuta | Porcije: 6

Sastojci

3 šalice nektarina, oguljenih i narezanih na kockice
8 žlica maslaca
1 šalica šećera
1 žličica ekstrakta vanilije
1 žličica ekstrakta badema
1 šalica mlijeka
1 šalica brašna

Upute

Pripremite vodenu kupelj i stavite Sous Vide u nju. Postavite na 194 F. Podmažite male staklenke sprejom za kuhanje. Skupite nektarine u staklenke.

U zdjeli pomiješajte šećer i maslac. Dodajte ekstrakt badema, punomasno mlijeko i ekstrakt vanilije, dobro promiješajte. Umiješajte brašno koje se samo diže i miješajte dok ne postane čvrsto. Stavite tijesto u staklenke. Zatvorite i potopite staklenke u vodenu kupelj. Kuhajte 180 minuta. Nakon što se tajmer zaustavi, izvadite staklenke. Poslužiti.

Azijski puding od riže s bademima

Vrijeme pripreme + kuhanja: 7 sati 30 minuta | Porcije: 5

Sastojci

5 žlica basmati riže

2 (14-oz) limenke kokosovog mlijeka

3 žlice šećera

5 zgnječenih mahuna kardamoma

3 žlice nasjeckanih indijskih oraščića

Narezani bademi za ukras

Upute

Pripremite vodenu kupelj i stavite Sous Vide u nju. Postavite na 182 F.

U zdjeli pomiješajte kokosovo mlijeko, šećer i 1 šalicu vode. Ulijte rižu i dobro promiješajte. Smjesu rasporedite po staklenkama. U svaki lonac dodajte mahunu kardamoma. Zatvorite i uronite u kadu. Kuhajte 3 sata. Nakon što se tajmer zaustavi, izvadite staklenke. Ostavite da se hladi 4 sata. Poslužite i pospite indijskim oraščićima i bademima.

Créme Brulée od maline i limuna

Vrijeme pripreme + kuhanja: 6 sati 5 minuta | Porcije: 6

Sastojci

6 većih žumanjaka

1 1/3 šalice šećera

3 šalice jakog vrhnja za šlag

Korica od 2 limuna

4 žlice svježe iscijeđenog soka od limuna

1 žličica ekstrakta vanilije

1 šalica svježih malina

Upute:

Pripremite vodenu kupelj i stavite Sous Vide u nju. Postavite na 194 F.

Mikserom pomiješajte žumanjke i šećer u kremastu smjesu. Staviti na stranu. Zagrijte lonac na srednje jakoj vatri i ukuhajte kremastu smjesu, limunovu koricu, limunov sok i vaniliju. Miješajte 4-5 minuta na nižoj vatri. Maknite s vatre i ostavite da se ohladi. Dobro pomiješajte smjesu od jaja s kremastom smjesom.

Stavite maline u šest staklenki i prelijte smjesom. Puniti još malina. Zatvorite i potopite staklenke u vodenu kupelj. Kuhajte 45 minuta. Nakon što se tajmer zaustavi, izvadite staklenke. Ostavite da se hladi 5 sati. Karamelizirajte šećer i poslužite.

Bourbon od dunje s cimetom

Vrijeme pripreme + kuhanja: 2 sata i 20 minuta | Porcije: 8

Sastojci:

2 šalice burbona
2 dunje oguljene i narezane
1 štapić cimeta

Upute:

Pripremite vodenu kupelj i stavite Sous Vide u nju. Postavite na 150 F.

Stavite sve sastojke u vrećicu koja se može vakuumski zatvoriti. Ispustite zrak metodom istiskivanja vode, zatvorite i uronite vrećicu u vodenu kupelj. Postavite mjerač vremena na 2 sata. Nakon što se tajmer zaustavi, uklonite vrećicu. Procijedite burbon kroz gazu.

Javor i cimet čelične zobi

Vrijeme pripreme + kuhanja: 3 sata 10 minuta | Porcije: 2

Sastojci

2 šalice bademovog mlijeka
½ šalice zobenih zobi
¼ žličice soli
Cimet i javorov sirup za preljev

Upute

Pripremite vodenu kupelj i stavite Sous Vide u nju. Postavite na 182 F. Pomiješajte sve sastojke, osim cimeta i javorovog sirupa i stavite u vrećicu koja se može vakuumski zatvoriti. Ispustite zrak metodom istiskivanja vode, zatvorite i uronite vrećicu u vodenu kupelj. Kuhajte 3 sata. Nakon što se tajmer zaustavi, izvadite zobene pahuljice i prebacite ih u zdjelu za posluživanje. Ukrasite cimetom i javorovim sirupom.

Zobene pahuljice sa suhim šljivama i marelicama

Vrijeme pripreme + kuhanja: 8 sati 15 minuta | Porcije: 4

Sastojci:

2 šalice mlijeka
2 šalice zobenih pahuljica
3 žlice nasjeckanih suhih šljiva
¼ šalice suhih marelica
2 žlice šećera
1 žlica gustog vrhnja
1 žlica maslaca
1 žličica ekstrakta vanilije
¼ žličice soli

Upute:

Pripremite vodenu kupelj i stavite Sous Vide u nju. Postavite na 180 F. Stavite zobene pahuljice u vrećicu koja se može vakuumski zatvoriti. U zdjeli umutite preostale sastojke i prelijte preko zobi. Umiješajte suhe šljive i marelice. Ispustite zrak metodom istiskivanja vode, zatvorite i uronite vrećicu u vodenu kupelj. Kuhajte 8 sati. Nakon što se tajmer zaustavi, uklonite vrećicu.

Đumbirirane breskve s kardamomom

Vrijeme pripreme + kuhanja: 1 sat i 15 minuta | Porcije: 4

Sastojci

1 funta breskvi, prepolovljenih

1 žlica maslaca

1 žličica sjemenki kardamoma, svježe samljevenih

½ žličice mljevenog đumbira

½ žličice soli

Svježi bosiljak, nasjeckan

Upute

Pripremite vodenu kupelj i stavite Sous Vide u nju. Postavite na 182 F. Pomiješajte maslac, breskve, đumbir, kardamom i sol. Stavite u vrećicu koja se može vakuumski zatvoriti. Ispustite zrak metodom istiskivanja vode, zatvorite i uronite vrećicu u vodenu kupelj. Kuhajte 60 minuta. Nakon što se tajmer zaustavi, izvadite vrećicu i prebacite je u zdjelu. Ukrasite bosiljkom i poslužite.

www.ingramcontent.com/pod-product-compliance
Lightning Source LLC
Chambersburg PA
CBHW071430080526
44587CB00014B/1784